Tricot
spécial
p'tits bouts

Tricot
spécial p'tits bouts
de 0 à 3 ans

Claire Montgomerie

MANGO Pratique

Publié pour la première fois en 2007
sous le titre *Easy Baby Knits*
par Ryland Peter & Small
© Ryland Peter & Small, 2007

© Éditions Mango, 2008,
pour l'édition française
www.editions-mango.com
Dépôt légal : septembre 2008
ISBN : 978 2 84270 719 4
Édition 01
Imprimé en Chine

Traduction : Renée Méry
Mise en pages : Camille Fuger
Édition : Virginie Revault d'Allonnes
et Anne-Laure Couvreur

Photographies : Claire Richardson

Sommaire

Introduction	6
Pour commencer	8

Petits vêtements

Écharpe de bébé	42
Douce couverture	46
Pull tout simple	50
Bonnets en laine et coton	54
Chaussons et moufles	60
Chaussons en coton	64
Cache-cœur	68
Bonnet douillet	72
Cardigan	76
Ravissante petite robe	80
Barboteuse	84
Paletot de sortie	88
Manteau croisé	92

Jouets et accessoires

Couverture en patchwork	100
Couverture de baptême	104
Jeu de cubes	108
Mobile aux oiseaux	112
Bavoir	116
Lapin câlin	120
Conseils d'entretien	124
Adresses utiles	126
Index	127

Introduction

Les vêtements de bébé sont le point de départ idéal pour toute personne qui apprend à tricoter. En plus du plaisir évident de voir ces petits vêtements portés par un adorable bébé, les projets pour enfants seront beaucoup plus rapides à réaliser que n'importe quel vêtement pour adultes. Vous serez donc agréablement surprise de ne pas être submergée par l'ampleur du travail !
Les modèles simples et craquants de ce livre ont été conçus pour être amusants à tricoter, et présenter de nouvelles techniques au fur et à mesure de l'ouvrage. Ainsi, vous pourrez progressivement augmenter vos connaissances et votre confiance en vous. Aidez-vous des pas à pas très clairs sur les différentes techniques, présentés au début du livre, qui en font un manuel pratique auquel toute tricoteuse novice peut se référer.

En tant que styliste textile, je suis consciente de la longue histoire du tricot ; j'aime les tricots « vintage », donc j'ai puisé quelques inspirations dans les vêtements traditionnels des enfants du siècle passé, pour proposer un ensemble de modèles de charme, à la fois hors du temps et modernes. Ces modèles sont confortables et faciles à porter, tenant toujours compte de la vie aventureuse et agitée des plus jeunes. Les projets sont originaux, et dans certains cas ludiques, avec de beaux jouets, accessoires et vêtements qui démontrent tous que le tricot peut produire autre chose que des pulls pleins de défauts qui démangent ! Les fils proposés ne sont pas des laines qui grattent ou des fils synthétiques inconfortables, mais de luxueux mélanges qui sont un plaisir à tricoter et sont parfaits au contact de la peau des bébés.
Ils sont aussi lavables en machine – idéal pour de jeunes parents qui n'ont pas le temps de laver à la main.

Le tricot n'est pas un passe-temps réservé à une autre génération. Vous verrez que les modèles ne sont ni ennuyeux, ni compliqués à comprendre ! En tant que professeur de tricot, j'ai vu à quel point les tricoteuses débutantes se font une montagne de techniques qui ne sont pourtant pas si compliquées. Mettez ces modèles en route, et vous serez agréablement surprise de voir ce dont vous êtes capable. Une fois que vous aurez réalisé un vêtement, maîtrisant une nouvelle technique, vous brûlerez d'envie de progresser avec une nouvelle pièce.

Claire Montgomerie

Pour commencer

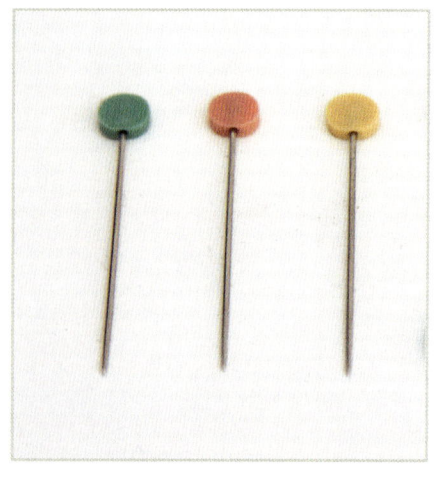  

Épingles Boutons Compte-rangs

Le matériel

Les outils les plus importants de la tricoteuse sont bien évidemment les aiguilles à tricoter et le fil ; il existe aussi tout un matériel qui n'est pas essentiel mais qui peut vraiment vous aider, selon le modèle dans lequel vous vous lancerez.

LES AIGUILLES À TRICOTER

Les aiguilles existent dans différentes matières, comme le bambou, le métal, le plastique, l'os et différents types de bois. Je recommande les aiguilles en bambou aux débutantes, car elles sont très souples, très agréables dans la main, et leur matière fait que les mailles s'y accrochent plus que sur d'autres aiguilles, il y a donc moins de risques de perdre des mailles. Le choix des aiguilles est vraiment une affaire personnelle, puisque le matériel ne changera pas l'aspect du tricot. Cependant, il peut avoir une influence sur votre tension, aussi ne changez pas d'aiguilles en milieu de projet. Certaines tricoteuses aiment utiliser de douces aiguilles en métal avec la laine, et des aiguilles en bambou qui accrochent davantage avec la soie ou le coton.

Les aiguilles à tricoter existent également en différentes longueurs, pour être adaptées au nombre de mailles que vous devez tricoter.
Certaines tricoteuses préfèrent utiliser de longues aiguilles, pour les coincer sous les bras lorsqu'elles tricotent, ou pour les appuyer contre leurs hanches. Encore une fois, c'est une affaire personnelle, et vos préférences se révéleront au fur et à mesure que vous développerez votre propre technique.
La taille des aiguilles choisies est fonction de la grosseur du fil que vous allez utiliser. Elle est donnée en millimètres, et fait référence au diamètre des aiguilles ; généralement, les fils les plus épais se travaillent avec les aiguilles les plus grosses. La taille des aiguilles recommandée est habituellement précisée sur la bande des pelotes du fil que vous avez choisi.

Capuchon d'aiguille

Arrêt de mailles

Anneau marqueur

MATÉRIEL COMPLÉMENTAIRE

Vous pourrez avoir besoin d'une paire de ciseaux à broder pointus, d'un mètre ruban et d'une aiguille à laine avec une pointe arrondie pour faire les coutures et rentrer les fils. Les arrêts de mailles permettent de garder en attente les mailles qui ne sont pas en travail jusqu'au moment où il faudra les reprendre. Il en existe des modèles à deux pointes, qui permettent de tricoter directement les mailles sur l'arrêt plutôt que de les remettre sur l'aiguille, mais vous pouvez aussi utiliser une grosse épingle à nourrice pour garder seulement quelques mailles en attente.

Un compte-rangs n'est pas indispensable, mais il est pratique si vous trouvez que compter les rangs n'est pas évident.

Le capuchon d'aiguille sert à stopper les mailles qui pourraient tomber de l'aiguille dans votre sac ou votre boîte à ouvrages, si vous êtes juste au milieu d'un projet.

Les anneaux marqueurs permettent de repérer un point de l'ouvrage sur lequel vous devrez revenir plus tard, comme la hauteur où vous devrez commencer à coudre une manche.

Les épingles sont pratiques pour maintenir les coutures ensemble. Utilisez des épingles à large tête plutôt que les épingles traditionnelles, pour ne pas les perdre dans le tricot ou pour éviter qu'elles ne passent à travers les mailles.

Si le modèle comporte des boutons, prenez le temps d'en choisir qui iront parfaitement avec votre vêtement, dont la réalisation vous aura demandé du temps et des efforts. Cela pour vous assurer un résultat parfait ! Un crochet est très précieux pour rattraper les mailles perdues.

LES FILS

On trouve généralement un grand choix de fils magnifiques, aussi bien naturels que synthétiques.

Les fils naturels, qui proviennent des animaux ou des plantes, sont en général plus agréables à porter et plus faciles à tricoter, tandis que les fils synthétiques sont souvent moins chers, plus solides et plus faciles d'entretien. Comme les projets de ce livre sont destinés aux bébés, les fils ont été soigneusement sélectionnés. Ils sont lavables en machine, et certains sont un mélange de fibres naturelles et synthétiques, de façon à utiliser les meilleures qualités des deux matières : la douceur, la chaleur et la respiration des fibres naturelles, avec la résistance et la facilité d'entretien des fibres synthétiques.

Les fils existent en différentes grosseurs et textures. La grosseur d'un fil est définie par le nombre de brins qui le composent, mais comme la grosseur des brins peut également varier, deux fils qui ont le même nombre de brins mais de qualité différente peuvent ne pas avoir exactement la même épaisseur.

Les fils peuvent être filés serrés ou lâches pour créer différentes qualités, comme la douceur d'un fil gonflant ou la solidité d'un fil serré. Si vous êtes débutante, faites attention en travaillant les fils gonflants, car la pointe des aiguilles peut parfois piquer dans le fil plutôt que passer dans la maille.

Le procédé de filature peut également produire des fils texturés, comme la laine mèche, le lacet et d'autres matières amusantes qui peuvent créer des tricots merveilleux, mais qui peuvent aussi être plus difficiles à travailler. Les nouveaux fils comme le ruban, la dentelle, la fourrure et les fils métalliques doivent aussi être considérés avec précaution, car les mailles sont difficiles à voir, et il est donc facile de se tromper.

ATTRAPER LE FIL AU MILIEU D'UNE PELOTE

En commençant un projet, il est important que l'extrémité du fil provienne de l'intérieur de la pelote, comme sur la photo ci-contre. Cela permet de stabiliser la pelote, pour éviter qu'elle ne roule et ne fasse des nœuds.

COMPTER LES RANGS

Il est très facile d'oublier la position du rang que vous êtes en train de tricoter, mais il est tout aussi facile de compter les rangs déjà tricotés. Dans le jersey endroit, chaque V est une maille, par conséquent, si vous comptez les rangées verticales, le nombre de V correspond au nombre de rangs. Dans le point mousse, chaque côte correspond à deux rangs, donc comptez le nombre de côtes et multipliez par deux pour obtenir le nombre de rangs.

Attraper le fil au milieu de la pelote

Le matériel 13

Tenir les aiguilles et le fil

Il n'y a pas de règle stricte pour trouver la meilleure façon de tricoter, mais si vous suivez mes recommandations des pages suivantes, vous trouverez celle qui vous permettra de garder une tension ferme régulière quand vous tricotez.

Voici deux des manières les plus courantes de tenir les aiguilles : comme un crayon (méthode 1) ou comme un couteau (méthode 2). Vous pouvez trouver qu'il est plus pratique que les deux mains tiennent les aiguilles de la même façon, ou vous pouvez préférer que la main droite tienne l'aiguille comme un crayon et que la main gauche la tienne comme un couteau, ou le contraire. Voici à droite une manière de tenir le fil qui vous aide à garder une tension régulière quand vous tricotez. Elle demande d'enrouler le fil d'une certaine façon autour de votre main droite ; elle peut être un peu difficile à maîtriser au début, mais elle est importante et deviendra de plus en plus facile au fur et à mesure. De toute façon, conservez à l'esprit qu'il y a plusieurs façons de tenir les aiguilles et le fil, et à la longue vous trouverez celle qui vous convient le mieux.
Rappelez-vous que même si vous êtes gauchère, vous pouvez travailler ainsi, car les deux mains sont sollicitées.

Méthode 1   Tenez l'aiguille comme un crayon.

Méthode 2   Tenez l'aiguille comme un couteau.

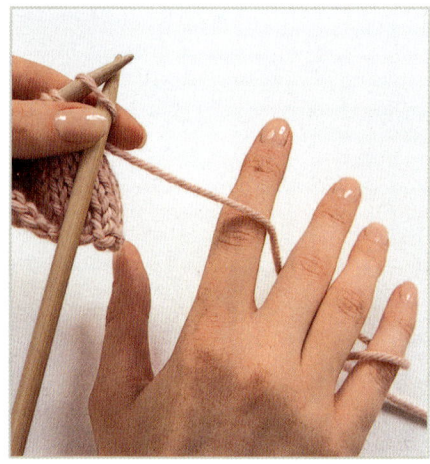

Tenir le fil   Le fil qui vient de la pelote est enroulé autour de l'auriculaire pour contrôler la vitesse avec laquelle il se dévide et la tension du tricot. Il passe ensuite sous l'annulaire et le majeur, et par-dessus l'index.

Faire un nœud coulant

Quand vous montez le premier rang de mailles, vous devez commencer en faisant un nœud coulant, qui sera aussi votre première maille.

Il est donc important de bien maîtriser ce geste. Un nœud coulant, comme son nom l'indique, est un nœud qui peut se fermer jusqu'à la taille voulue autour de n'importe quelle aiguille. Utilisez une longueur du fil venant de la pelote, longueur qui varie selon la méthode que vous utilisez pour monter les mailles (voir pages 16 à 19).

 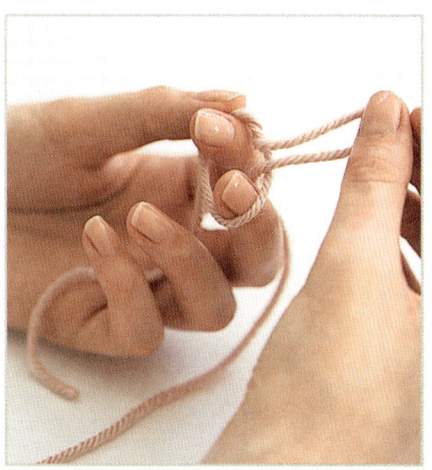 

1 Enroulez le fil de la pelote autour de deux doigts pour former un anneau, et maintenez-le en place avec le pouce.

2 Faites une boucle avec le fil qui vient de la pelote, et passez-la dans l'anneau.

3 Tenez fermement la boucle et l'extrémité du fil, et tirez pour fermer le nœud coulant. Vous pouvez aussi glisser une aiguille dans la boucle et tirer sur un des fils pour fermer la boucle au diamètre de l'aiguille.

Monter les mailles : sur le pouce

Il y a différentes façons de monter les mailles, mais je vais ici vous expliquer deux des plus simples et des plus utilisées, ce qui est bien suffisant pour tricoter n'importe quel projet de ce livre.

Au fur et à mesure que vous progresserez dans le tricot, vous découvrirez d'autres techniques, surtout si un modèle plus compliqué nécessite une méthode particulière de montage. Avant de monter les mailles pour votre première réalisation, prenez le temps de vous entraîner en montant autant de mailles que vous le pourrez, puis en les défaisant et en recommençant jusqu'à ce que vous sentiez que vous maîtrisez la technique. Il est facile d'oublier comment faire si vous ne l'avez fait qu'une fois au commencement de l'ouvrage, et il peut se passer du temps avant que vous n'ayez besoin de monter de nouveau des mailles pour un autre projet.

La première méthode est ma méthode de montage préférée. Elle ne demande qu'une seule aiguille, puisque vous utilisez le pouce de votre main gauche à la place de l'autre aiguille, et elle est particulièrement nette et élastique. Je vous recommande d'utiliser cette méthode pour le rang de montage de tous les projets de ce livre.

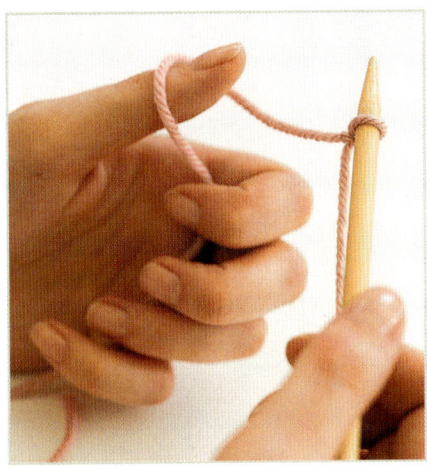

1 Faites un nœud coulant en conservant avant le nœud, une longueur de fil équivalente à trois fois la largeur du rang de montage.
Glissez le nœud coulant sur l'aiguille tenue par votre main droite, et serrez-le à la bonne taille.

2 Saisissez le fil dans votre main gauche, et faites une boucle autour de votre pouce gauche, comme ci-dessus, en tenant toujours fermement l'extrémité du fil.

3 Redressez votre pouce, et passez l'aiguille dans la boucle, du bas vers le haut.

4 Avec la main droite, passez le fil qui vient de la pelote autour de l'aiguille, d'abord par en dessous puis au-dessus de la pointe. Glissez la boucle de votre pouce en dehors de l'aiguille, comme ci-dessus.

5 Tirez doucement sur l'extrémité du fil pour serrer la boucle autour de l'aiguille. Vous avez monté votre première maille et, avec le nœud coulant, vous avez maintenant deux mailles sur l'aiguille.

6 Répétez depuis la deuxième étape, en enroulant le fil autour de votre pouce pour faire la maille suivante, et continuez ainsi jusqu'à ce que vous ayez le nombre correct de mailles sur l'aiguille. Quand vous commencerez à tricoter, veillez à utiliser le fil qui vient de la pelote, et non pas celui qui pend.

Monter les mailles : avec deux aiguilles

La méthode avec deux aiguilles est également très connue. Elle est utilisée dans ce livre quand vous devez ajouter un certain nombre de mailles à la fin d'un rang, ou pour réaliser une boutonnière.

Si vous préférez l'aspect ou la façon de faire ce montage, vous pouvez bien sûr utiliser cette technique pour monter les mailles de n'importe quel projet de ce livre.
Pour cette méthode, vous devez tenir une aiguille dans chaque main, et la longueur de fil qui pend du nœud coulant doit faire environ 15 à 20 cm, de façon à être suffisamment longue pour être facilement rentrée sous les fils à la fin de l'ouvrage.

1 Faites un nœud coulant, en laissant 15 à 20 cm de longueur de fil. Glissez le nœud sur l'aiguille gauche, et serrez-le autour de l'aiguille.

2 En tenant le fil venant de la pelote dans votre main droite, glissez l'aiguille droite dans la boucle, de l'avant vers l'arrière.

3 Avec votre main droite, enroulez le fil de la pelote autour de l'aiguille, en passant d'abord en dessous puis au-dessus de la pointe.

4 Avec la pointe de l'aiguille droite, ramenez le fil enroulé autour de l'aiguille à travers la boucle du nœud coulant. Vous avez maintenant une boucle sur chaque aiguille.

5 Passez la nouvelle boucle de l'aiguille droite sur l'aiguille gauche, en formant ainsi une nouvelle maille. Tirez doucement sur le fil de la pelote pour serrer et positionner la maille.

6 Votre première maille montée est terminée et, avec le nœud coulant, vous avez maintenant deux mailles sur l'aiguille.

7 Pour les mailles suivantes, glissez l'aiguille de l'avant vers l'arrière entre les mailles précédentes. Répétez depuis la troisième étape, en enroulant le fil autour de l'aiguille mais en ramenant la boucle entre les deux mailles avant de la placer sur l'aiguille gauche.

8 Répétez le procédé pour obtenir le nombre correct de mailles montées sur l'aiguille gauche.

Monter les mailles 19

Point mousse

La maille endroit

1 Tenez l'aiguille avec les mailles dans la main gauche. Glissez l'aiguille droite dans la première maille de l'aiguille gauche, de la gauche vers la droite et de l'avant vers l'arrière.

2 En tenant le fil sur l'arrière du travail, avec la main droite, enroulez le fil de la pelote autour de l'aiguille droite en passant en dessous puis au-dessus de la pointe.

La maille endroit est la plus simple des mailles.

Pour vous entraîner à maîtriser la tension et les gestes utilisés pour tricoter, montez quelques mailles et tricotez tous les rangs à l'endroit, jusqu'à ce que vous sentiez que vous possédez les techniques de base. En tricotant tous les rangs à l'endroit, on obtient un point côtelé appelé point mousse. C'est le plus simple des points. Il est semblable sur les deux faces, et est donc parfait pour une écharpe, comme l'écharpe de bébé page 42, qui est un excellent premier projet pour se lancer. En tricotant, tenez l'aiguille avec les mailles dans votre main gauche, et transférez-les toutes sur votre aiguille droite en tricotant un rang.

3 Avec la pointe de l'aiguille, ramenez la boucle de fil à travers la maille de l'aiguille gauche.

4 En gardant la nouvelle maille sur l'aiguille droite, laissez tomber la première maille hors de l'aiguille gauche. Répétez ces étapes jusqu'à ce que toutes les mailles soient passées sur l'aiguille droite. Vous avez tricoté un rang endroit. Intervertissez les aiguilles dans vos mains, et commencez un nouveau rang.

Jersey endroit

La maille envers

Une fois que vous aurez appris la maille envers, vous connaîtrez toutes les mailles dont vous aurez besoin pour n'importe quel projet. Toutes les autres techniques ne sont qu'une combinaison ou une légère variation sur les mailles endroit et les mailles envers. En tricotant alternativement des rangs de mailles endroit et des rangs de mailles envers, on obtient du jersey endroit, le plus reconnaissable des points. La face photographiée ci-dessus est appelée face endroit et est lisse, formée de mailles qui ressemblent à des V. Pour reconnaître si vous êtes sur un rang endroit ou un rang envers, rappelez-vous que chaque fois que cette face (l'endroit) est devant vous sur l'aiguille gauche, vous devez tricoter le rang suivant à l'envers.

1 Tenez l'aiguille avec les mailles dans la main gauche. Glissez l'aiguille droite par l'avant, dans la première maille de l'aiguille gauche, de la droite vers la gauche.

2 En tenant le fil sur l'avant du travail, avec la main droite, enroulez le fil de la pelote autour de l'aiguille droite, en passant par-dessus et autour de la pointe.

3 Avec la pointe de l'aiguille droite, ramenez la boucle de fil à travers la maille de l'aiguille gauche.

4 En gardant la nouvelle maille sur l'aiguille droite, laissez tomber la première maille hors de l'aiguille gauche. Répétez jusqu'à ce que toutes les mailles soient sur l'aiguille droite. Vous avez tricoté un rang envers. Intervertissez les aiguilles, et tricotez un rang endroit pour former du jersey endroit.

Les tailles

Les tailles de chaque modèle sont précisées au début des explications. Nous avons utilisé des tailles moyennes pour chaque âge, et précisé les mesures du vêtement terminé. Ce qui vous permettra de choisir la taille du vêtement que vous voulez, en comparant ces mesures finies avec celles de l'enfant auquel il est destiné. Ainsi, même si vous avez un enfant plus grand, plus mince ou plus petit que la moyenne, vous pourrez réaliser un vêtement qui lui ira parfaitement.

Même si vous voulez confectionner un vêtement qui sera porté immédiatement, pensez à laisser une certaine aisance pour les mouvements : ne tricotez pas le tour de poitrine exactement aux dimensions de l'enfant, et prenez le temps d'adapter la tension du fil pour que votre tricot soit le plus près possible de la taille choisie.

La tension

Un échantillon est utilisé pour vérifier que la tension de votre tricot est semblable à celle indiquée dans les explications. Un échantillon est essentiel pour garantir la bonne taille du vêtement, aussi, prenez le temps de le tricoter, sinon vous pourriez être déçue par votre projet terminé. Pour réaliser un échantillon, tricotez un carré d'environ 13 x 13 cm, en utilisant les aiguilles, le fil et le point indiqués dans les explications. Étalez l'échantillon à plat et, en vous éloignant des bords, mesurez et marquez 10 cm avec des épingles, comme ci-dessus. Comptez le nombre de mailles entre les épingles. Répétez la même opération perpendiculairement pour compter le nombre de rangs.

Si vous trouvez plus de mailles que recommandé, c'est que votre tension est trop serrée. N'essayez pas de tricoter plus souplement, car chacun a une tension naturelle, et vous ne serez pas capable de garder une tension régulière. Essayez plutôt avec des aiguilles plus grosses. S'il y a moins de mailles que recommandé, c'est que votre tension est trop lâche, et que vous devez prendre des aiguilles plus fines.

Ne vous faites pas de souci si au début votre tension n'est pas conforme, le tricot n'est pas un art précis, et tout le monde tricote avec une tension différente. Pour les projets qui ne demandent pas de mesures précises, comme certains accessoires ou jouets, vous n'aurez besoin de tricoter des échantillons que si vous voulez obtenir la taille exacte.

Les côtes

Côtes 1/1

Les côtes sont utilisées aux endroits qui doivent être plus élastiques, comme les poignets. Elles reprennent leur forme après qu'on les a étirées, ce qui veut dire que le poignet du vêtement s'élargira pour le passage de la main, mais reviendra ensuite à sa dimension initiale.

Les côtes sont obtenues par la combinaison de mailles endroit et de mailles envers, les unes à côté des autres. Quand vous tricotez des côtes, vous faites des mailles endroit et des mailles envers sur le même rang, donc vous utilisez le fil qui vient de la pelote aussi bien sur l'avant que sur l'arrière du travail. Ce qui signifie que vous passez le fil de l'arrière vers l'avant et de l'avant vers l'arrière, entre les mailles. Le pas à pas montre des côtes 1/1, qui alternent 1 maille endroit et 1 maille envers sur tout le rang.

1 Ici, une maille endroit vient juste d'être tricotée, ce qui implique que le fil soit tenu sur l'arrière du travail.

TRICOTER LES CÔTES

Passer ainsi le fil d'avant en arrière peut paraître difficile, mais une fois que vous aurez démarré, vous attraperez rapidement le rythme. Sur les photos ci-dessous, les pointes des aiguilles ont été séparées pour que vous puissiez voir clairement ce qui se passe. Cependant, quand vous serez familiarisée avec le point, vous vous apercevrez qu'il n'est pas utile d'ouvrir autant les aiguilles pour passer le fil.

2 Pour tricoter la maille suivante (une maille envers), le fil doit être sur l'avant du travail. Pour l'amener à la bonne position, passez-le sur le devant entre les aiguilles.

3 Tricotez maintenant une maille envers, en tenant le fil sur l'avant.

4 Avant de tricoter la maille suivante (une maille endroit), repassez le fil vers l'arrière, entre les aiguilles. Au rang suivant, toutes les mailles qui ont été tricotées à l'endroit le seront à l'envers, et vice-versa. Donc, si vous terminez un rang par une maille envers, commencez le rang suivant par une maille endroit.

Variations sur la technique des côtes

Une fois que vous maîtriserez la technique pour passer le fil entre les aiguilles sur l'autre face du tricot, vous pourrez tricoter n'importe quelle combinaison de mailles endroit et envers sur un rang pour former d'autres points.

Côtes 2/2

Les côtes peuvent se présenter sous différentes formes, celle des côtes 1/1 vues pages 24 et 25 étant la plus simple.
La version en côtes 2/2, illustrée ci-contre, est très courante et séduisante. Le point est formé en alternant 2 mailles endroit puis 2 mailles envers sur tout le rang. Les rayures sont plus visibles que pour les côtes 1/1 qui, quand elles ne sont pas complètement étirées, ressemblent souvent à du jersey.
Quand vous saurez comment tricoter les côtes 2/2, vous pourrez essayer les côtes 3/3 ou 6/6.

Une autre version des côtes est le point de riz. C'est un très joli point, appelé parfois point de graine à cause de son aspect. Il semble plus compliqué qu'il ne l'est ; si vous pouvez tricoter les côtes, vous pouvez tricoter le point de riz.
Il se tricote habituellement sur un nombre impair de mailles, et commence par un rang de côtes 1/1 (1 m. end., 1 m. env.)[1], avec la dernière maille tricotée à l'endroit. Sur le rang suivant, les mailles qui ont été tricotées à l'endroit seront de nouveau tricotées à l'endroit, et celles qui ont été tricotées à l'envers seront tricotées à l'envers. C'est pourquoi un nombre impair de mailles vous aide, puisque vous savez que vous devez toujours commencer et terminer les rangs par une maille endroit. Tous les rangs sont semblables et sont expliqués ainsi : 1 m. end., * 1 m. env., 1 m. end. ; rép. depuis * jusqu'à la fin. Si vous ne vous souvenez plus comment tricoter la maille suivante, vous retrouverez vite où vous en êtes en regardant le point qui se forme : toutes les mailles envers sont en relief, comme de petites graines.

Point de riz

[1] *Pour comprendre les explications et les abréviations, reportez-vous aux pages 38 et 39.*

Augmentations

Les vêtements tricotés sont généralement faits de pièces mises en forme, car si vous deviez couper les formes dans le tricot et les coudre ensemble, les bords ne seraient pas nets et pourraient s'effilocher. C'est pourquoi la mise en forme doit être faite pendant que vous tricotez.

Il existe différentes manières de faire des augmentations, mais les principales différences sont uniquement esthétiques, aussi je vous expliquerai la technique : 1 augm. dans la m. suiv. Elle peut être utilisée n'importe où dans le rang pour modifier la forme initiale, mais ne permet d'ajouter que quelques mailles en même temps, le plus souvent une seule à la fois. Si vous devez ajouter plus de mailles à la fin d'un rang, utilisez la méthode de montage de mailles sur deux aiguilles, expliquée page 18.

1 Glissez l'aiguille droite dans la maille, enroulez le fil autour et ramenez-le comme d'habitude, mais ne laissez pas tomber la maille de l'aiguille gauche. Écartez les aiguilles pour agrandir la boucle de l'aiguille gauche.

2 Glissez l'aiguille droite de l'avant vers l'arrière, par l'arrière, dans la boucle. Enroulez le fil autour, avec la main droite, comme si vous tricotiez normalement, et ramenez une deuxième boucle avec l'aiguille droite.

3 Laissez tomber la maille de l'aiguille gauche pour terminer l'augmentation. Deux mailles ont été formées à partir d'une seule, une maille a donc été augmentée.

Augmenter en montant des mailles Cette technique ne peut être utilisée qu'en fin de rang (voir page 18). Par exemple, elle pourra servir à former les manches dans un pull tricoté d'une seule pièce.

√ Rg suivant Rabattre 2 Mlls 44

42 √ Rabattre 2 Mlls, 2 M end, 2 Mll ens end,
14 Mlls end, 2 Mll ens end, 2 Mlls end
2 Mlls ens end, 14 Mlls end, 2 Mlls ens end
2 Mlls end = 38

√ Rg suivant endroit

Rg suivant √ 2 M end, 2 Mll ens end, 12 Mlls end, 2 Mlls ens end,
2 M end, 2 Mlls ens end, 12 Mlls end
2 M ens end, 2 Mlls end = 34

√ Rg endroit

Rg √ 2 end, 2 Mll ens end, 10 Mll end, 2 Mll ens end,
2 end, 2 Mll ens end, 10 end, 2 Mll ens end
2 M end = 30

√ Rabattre les mailles et coudre

2

√ Relever 3 Mlls dessus pied tricoter
5 Rgs end 1-1-1-1-1- mettre attente

√ Relever 8 mailles 4 de chaque côté couture arrière
Tricoter 5 Rgs mousse 1-1-1-1-1-

Aiguille 3 –
2   3.5

● Montez 32 M/s sur 3.5

Semelle

1ᵉʳ Rg (env) : à l'endroit

11 Att 1ᵉ 3 Mend, 2 Menv, 2 Mend, 2 Menv, 1end 11 Att   1-1-
xx 2ᵉ 1 env, 2 end, 2 env, 2 end, 3 env   1-1-
xxx 3ᵉ 1 end, 2 env, 2 end, 2 env, 3 end   1-1-
xxx 4ᵉ 3 env, 2 end, 2 env, 2 end, 1 env   1-1-

Tour du pied

Tricot 28 mailles end   Relever 7 M/s sur côté et
    Tricoter 11 M/s end   28 mailles

● 1ᵉʳ Rg Tricoter 28 M/s end Relever 7 M/s   et
        Tricoter 11 M/s end   4/6
v v 2 Rg   end !
v v 3
v v 4
v v 5
v v 6
v v 7
v v 8

Diminutions

Il existe principalement deux méthodes. La différence entre les deux est la direction vers laquelle elles s'inclinent : tricoter deux mailles ensemble à l'endroit incline les mailles vers la droite sur un rang endroit, alors que le surjet simple (1 m. glissée, 1 m. end. sur laquelle on rab. la m. glissée) incline les mailles vers la gauche.

Vous pouvez les utiliser sur les extrémités opposées d'un même rang pour former une bordure décorative. Elles ne permettent de diminuer que de quelques mailles à la fois. Si vous devez diminuer plus de mailles au début ou à la fin d'un rang, utilisez la méthode d'arrêt expliquée page 30.

Deux mailles ensemble à l'endroit :

1 Tricotez jusqu'au niveau de la diminution (ici elle se fait en début de rang). Glissez l'aiguille droite, dans les deux mailles, par l'avant, de l'avant vers l'arrière.

2 Enroulez le fil autour de l'aiguille droite comme d'habitude, et tricotez les mailles comme s'il n'y en avait qu'une. Une maille a été diminuée.

Surjet simple :

1 Tricotez jusqu'au niveau de la diminution (ici elle se fait en début de rang). Glissez une maille en passant l'aiguille droite dans la maille comme pour la tricoter à l'envers (de la droite vers la gauche), puis passez la maille de l'aiguille gauche sur l'aiguille droite sans la tricoter.

2 Tricotez la maille suivante normalement, à l'endroit.

3 Avec la pointe de l'aiguille gauche, soulevez la première maille (m. glissée) de l'aiguille droite, puis passez-la par-dessus la deuxième (m. tricotée), et laissez-la tomber de l'aiguille, en ne gardant qu'une seule maille sur l'aiguille droite. Une maille a été diminuée.

Rabattre

Pour rabattre, il faut utiliser les deux aiguilles. Il est fréquent que les débutantes rabattent trop serré, en fronçant ainsi le haut de l'ouvrage. Si cela vous arrive, il est indispensable que vous vous corrigiez en vous entraînant à tricoter moins serré sur le rang d'arrêt, ou même en utilisant une aiguille plus grosse uniquement pour rabattre.

1 Tricotez les deux premières mailles du rang d'arrêt normalement.

2 Glissez la pointe de l'aiguille gauche dans la première maille de l'aiguille droite.

3 Soulevez la première maille, et passez-la au-dessus de la première.

4 Laissez tomber la première maille de l'aiguille droite pour qu'il ne reste qu'une seule maille sur cette aiguille. Pour avancer sur le rang, tricotez à l'endroit la maille suivante de l'aiguille gauche, de façon à avoir de nouveau deux mailles sur l'aiguille droite. Répétez depuis la deuxième étape, en passant la première maille par-dessus la deuxième. Recommencez jusqu'à ce qu'il n'y ait plus qu'une seule maille sur l'aiguille droite.

5 Soulevez doucement l'aiguille droite pour allonger la taille de la dernière boucle. Enlevez l'aiguille et coupez le fil en conservant 15 à 20 cm.

6 Glissez le fil coupé dans la boucle. Tirez sur l'extrémité pour serrer la boucle en un nœud qui va terminer le rang d'arrêt.

Techniques usuelles

CHANGER LA PELOTE ET FAIRE DES RAYURES

Quand vous avez terminé une pelote, vous devez en commencer une nouvelle. La méthode utilisée est la même que pour introduire une nouvelle couleur si vous tricotez des rayures. Dans les deux cas, vous devez introduire le nouveau fil au début d'un rang.

Glissez normalement l'aiguille droite dans la maille. En laissant pendre 15 à 20 cm du nouveau fil, enroulez-le autour de la pointe de l'aiguille, ramenez-le et laissez tomber la maille d'origine. Vous avez tricoté une maille avec le nouveau fil. Tricotez comme d'habitude quelques mailles suivantes, puis revenez en arrière, étirez légèrement les premières mailles et nouez ensemble les extrémités des deux fils pour les bloquer.

Si vous devez introduire une nouvelle couleur au début d'un rang pour tricoter des rayures, vous n'avez pas besoin de couper le fil ni de le nouer avec le nouveau fil ; faites suivre souplement le fil non utilisé sur le côté, en le croisant avec l'autre couleur à la fin des rangs jusqu'à ce que vous en ayez de nouveau besoin. Cependant, si vous tricotez de larges rayures, la méthode du croisement peut ne pas être très jolie. Si les bords ne sont pas cachés dans une couture, si vous tricotez une écharpe, par exemple, il peut être

préférable de couper les fils à chaque nouvelle rayure, pour pouvoir les rentrer proprement quand vous aurez fini de tricoter.

RELEVER LES MAILLES ET LES TRICOTER

Parfois, vous devez relever plusieurs mailles sur le bord d'une pièce de tricot pour en tricoter une autre partie. Les explications vous préciseront sur quelle partie du vêtement vous devez relever des mailles. En travaillant sur l'endroit du travail, glissez la pointe d'une aiguille juste au milieu de la première maille qui doit être relevée. Sur l'arrière, enroulez le fil qui vient de la pelote (en laissant 15 à 20 cm) autour de la pointe de l'aiguille, puis ramenez cette boucle à travers la maille tricotée. Répétez tout du long dans la maille suivante, ou comme précisé dans les explications, jusqu'à ce que vous ayez le nombre de mailles indiqué. Vous n'avez plus qu'à tricoter ces mailles en suivant les explications. Rentrez proprement les fils quand le tricot est terminé.

BOUTONNIÈRES

Les boutonnières peuvent être réalisées assez facilement, tout en tricotant, en rabattant un certain nombre de mailles sur un rang, puis en les remontant au rang suivant.

1 Sur un rang endroit, tricotez jusqu'à l'emplacement de la boutonnière. Rabattez le nombre de mailles indiqué dans les explications, ou en rapport avec le diamètre de votre bouton. Terminez le rang.

2 Revenez à l'envers jusqu'à la boutonnière. Tournez le travail et montez le même nombre de mailles que vous avez rabattues au rang précédent. Tournez le travail et tricotez à l'envers jusqu'à la fin du rang. La boutonnière est terminée.

ŒILLETS ET JOURS DENTELLE

Les œillets, faciles à réaliser, sont habituellement utilisés pour faire de petites boutonnières sur les vêtements de bébé.

Si vous tricotez des œillets sur toute une pièce de tricot, vous formerez de la dentelle.
La jolie dentelle de la couverture de baptême page 105 semble compliquée, mais est en réalité composée d'une répétition relativement simple d'œillets.

1 Tricotez jusqu'à la position de l'œillet. Passez le fil entre les aiguilles, vers l'avant, puis tricotez les deux mailles suivantes ensemble à l'endroit. Cette diminution est compensée par le jeté formé en passant le fil au-dessus de l'aiguille. Au rang suivant, tricotez le jeté comme une maille normale.

2 Pour obtenir de la dentelle, continuez à former des œillets comme à l'étape 1 (1 jeté, 2 m. ens. à l'end.) à intervalles réguliers sur tout le rang. Tricotez le rang suivant à l'envers ou à l'endroit de façon habituelle, avant de former d'autres œillets.

Techniques usuelles 33

Les finitions

Les tricoteuses redoutent souvent les finitions : ainsi on remarque rarement les jolies finitions, alors que les vilaines sautent aux yeux. Si vous apprenez à les faire correctement, vous serez totalement satisfaite de votre ouvrage.

RENTRER LES FILS

Ne coupez jamais les fils au bord de votre tricot à moins de 15 à 20 cm, car ils pourraient glisser hors des mailles, et votre travail se détricoterait. Dénouez les nœuds qui retiennent deux fils avant de rentrer leurs extrémités. Enfilez une aiguille à repriser à large chas ou une aiguille à laine sur l'un des fils, puis suivez une des deux méthodes ci-contre pour rentrer les fils sur l'arrière du tricot. L'aiguille doit avoir un bout rond pour que la pointe ne passe pas à travers les brins du fil, ce qui pourrait abîmer le tricot.

BANDES À PRESSIONS

Il est essentiel de coudre très solidement les boutons ou les pressions sur les vêtements d'enfants, afin qu'ils ne se décousent pas et ne soient pas avalés. Compte tenu de la nature souple du tricot, les zones où sont cousues des pressions doivent être renforcées, pour ne pas déformer ou déchirer le vêtement lorsque vous les ouvrirez. Ainsi, cousez les pressions sur une longueur de gros-grain, que vous coudrez solidement sur le vêtement.

Méthode 1 Glissez l'aiguille et le fil dans le bord du travail sur environ 4-5 cm, puis revenez un peu en arrière pour bloquer le fil.

Méthode 2 Glissez l'aiguille et le fil dans les mailles, en passant l'aiguille dans le haut de la première maille puis dans les mailles suivantes sur 4-5 cm. Revenez en arrière sur quelques mailles pour bloquer le fil.

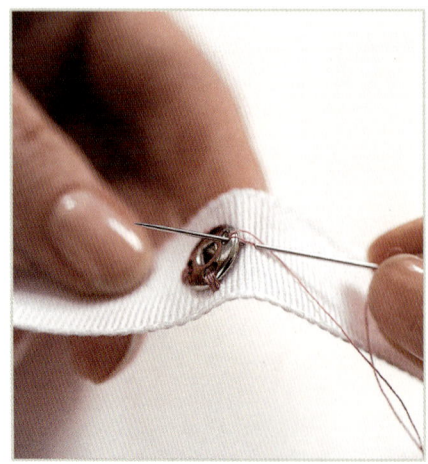

Bande à pressions Cousez les pressions sur une longueur de ruban ou de gros-grain avec une aiguille et du fil. En utilisant la même aiguille et le même fil, cousez le ruban à points glissés dans les mailles, à l'endroit où doit se placer la fermeture.

Mise en forme Avant l'assemblage, repassez les pièces à coudre pour leur donner un joli fini. Étalez-les sur une surface molletonnée (une planche à repasser est idéale), et épinglez-les à plat en les étirant aux bonnes dimensions. Repassez en suivant les recommandations des bandes des pelotes.

L'ASSEMBLAGE

Les vilaines finitions se remarquent surtout sur les coutures, aussi vaut-il mieux faire une couture invisible, en utilisant une aiguille à bout rond. Si la couture est faite correctement, elle sera complètement invisible dans le jersey endroit ou les côtes, comme vous le voyez sur le bas de la photo ci-contre. Utilisez toujours un fil de même couleur que votre tricot (ici, la couture est réalisée avec un fil contrasté pour que vous compreniez mieux ce qui se passe). Certains fils, trop fragiles pour faire une couture, doivent être doublés, mais vous pouvez aussi utiliser un fil différent de même couleur.

Couture invisible En plaçant l'endroit des deux pièces de tricot à assembler côte à côte, endroit sur le dessus, piquez l'aiguille dans le bas d'une pièce par un petit point arrière. Ramenez l'aiguille sur l'avant, en bas, entre la maille lisière et la maille suivante.

Amenez l'aiguille sur l'autre pièce, et passez-la sous deux fils entre la maille lisière et la maille suivante. Tirez sur le fil de couture pour le tendre. Ramenez l'aiguille vers la première pièce, piquez à l'endroit où elle était sortie, et passez-la sous deux fils. Continuez ainsi, allant d'une pièce à l'autre, comme si vous laciez un corset, jusqu'à ce que vous rejoigniez la dernière maille. Arrêtez le fil sur l'envers en le passant dans quelques mailles.

Rattraper les erreurs

Même en tricotant droit, les débutantes se retrouvent souvent avec des bords en biais, causés aussi bien par des mailles ajoutées que par des mailles perdues par erreur. Pour l'éviter, essayez de compter vos mailles au fur et à mesure du travail, au début de chaque rang, pour tenter de repérer toute erreur éventuelle.

Faites attention aussi à ne pas passer le fil de l'avant vers l'arrière sans que ce ne soit demandé, à ne pas l'enrouler deux fois autour de l'aiguille, et à ne pas oublier de toujours laisser tomber la maille quand vous avez fini de la tricoter.
Le plus sûr est de tricoter très lentement durant l'apprentissage, et d'éviter les distractions.

Il est inévitable qu'en tant que débutante, vous laissiez tomber des mailles - même les plus expérimentées n'évitent pas complètement cette erreur. Cependant, rattraper les mailles perdues est presque aussi facile que de les tricoter. Une fois que vous saurez rattraper la maille avec l'aiguille à tricoter, essayez de le faire avec un petit crochet, ce qui rend l'opération plus rapide et plus facile.

1 Une maille vient d'être perdue : une fois lâchée, elle se détricotera sur quelques rangs en formant une échelle. Si cela vous arrive, vous devez reprendre chaque fil de l'échelle, en commençant par le plus bas, pour reformer chaque rang.

2 En premier, glissez la maille perdue sur l'aiguille droite. Avec la pointe de la même aiguille, soulevez le fil le plus bas de l'échelle, en passant l'aiguille sous le fil de l'avant vers l'arrière.

3 Passez la boucle de la maille par-dessus le fil, puis en dehors de l'aiguille droite. Le fil devient la boucle d'une nouvelle maille. Continuez ainsi jusqu'à ce que tous les fils de l'échelle aient été repris. Enfin, glissez la boucle de la dernière maille sur l'aiguille gauche, prête à être tricotée.

Rattraper les erreurs 37

Lire les explications

Au premier coup d'œil, les explications semblent avoir été rédigées dans une langue étrangère. Cependant, en y regardant de plus près, vous verrez qu'elles sont essentiellement composées d'abréviations, et si vous savez à quoi correspond chacune, vous pourrez lire les explications comme vous le feriez avec un texte ordinaire. Pour vous faciliter le travail les premiers temps, assurez-vous que vous connaissez toutes les abréviations et techniques utilisées, pour ne pas avoir à chercher des explications en cours de réalisation.

Ne mettez pas de côté un modèle dont les explications vous semblent trop compliquées. Lorsque vous serez en cours de travail, le langage technique deviendra plus compréhensible.

Vous trouverez ci-contre une liste des abréviations utilisées dans ce livre. Les plus importantes sont **end.** pour **endroit**, et **env.** pour **envers**. Ces abréviations sont généralement précédées d'un chiffre qui précise le nombre de mailles à tricoter à l'endroit ou à l'envers. Par exemple, **2 m. end.** veut dire **tricotez 2 mailles à l'endroit**. Les autres signes importants dans une explication sont les guillemets, les astérisques et les parenthèses.

Les guillemets encadrent une seule instruction : par exemple, « 1 m. end., 2 m. env. » veut dire **tricotez 1 maille endroit, 2 mailles envers**.

Les astérisques sont placés pour indiquer une section de l'explication qui doit être répétée plus d'une fois ; le nombre de répétitions sera précisé plus loin dans le rang. Par exemple, 1 m. end., * 1 m. env., 1 m. end. ; rép. depuis * jusqu'à la fin signifie **tricotez la 1ère m. à l'endroit, puis tricotez alternativement une maille envers et une maille endroit jusqu'à la fin du rang**.

Les crochets sont utilisés pour encadrer des instructions qui doivent être répétées un certain nombre de fois, ce nombre étant précisé immédiatement après le crochet de fermeture. Par exemple, [1 m. end., 2 m. env.] 8 fs veut dire **tricotez 1 maille endroit puis 2 mailles envers, et répétez cette séquence un total de huit fois**.

Les parenthèses sont utilisées pour séparer les instructions des différentes tailles ; les indications de la plus petite taille sont devant les parenthèses, les autres à l'intérieur des parenthèses, par ordre croissant. Quand il y a beaucoup de tailles différentes, vous pouvez trouver plus facile d'entourer au crayon les indications concernant la taille que vous avez choisie avant de commencer à tricoter.

Les chiffres en *italique* à la fin des rangs correspondent au nombre de mailles que vous devez avoir sur l'aiguille quand le rang est terminé.

Abréviations

alternat. alternativement
aig. aiguille(s)
augm. augmentez, augmentation(s)
cm centimètre(s)
col. coloris
comm. commencez, commençant
cont. continuez, continuant
dim. diminuez, diminutions
ds dans
end. endroit
ens. ensemble
env. envers
fs fois
g. grammes
haut. tot. hauteur totale
m. maille
pel. pelote(s)
rab. rabattez, rabattant
rest. restant(es)
rép. répétez
rg rang
suiv. suivant(e)
term. terminez, terminant
trav. travaillez, travaillant
tric. tricotez, tricotant
ts tous

Petits vêtements

Écharpe de bébé

Si vous êtes débutante, ce projet est idéal ! En quelques mailles,

vous parviendrez à un résultat déjà étonnant…

Il n'y a qu'à tricoter tout droit ! Cette écharpe est tricotée

au point mousse, le plus simple des points. Si vous voulez que

le travail soit encore plus facile, réalisez-la dans une seule couleur.

Et surtout, n'hésitez pas à l'adapter, en confectionnant

des rayures de largeurs différentes, en la raccourcissant ou

en la rallongeant, en changeant sa largeur ou en utilisant

un fil plus épais. Pour que bébé n'ait jamais froid au cou !

Ces explications peuvent être utilisées pour confectionner une écharpe pour adulte, en montant plus de mailles et en tricotant plus de rangs. Vous pouvez aussi utiliser un fil plus gros ou plus texturé, mais n'oubliez pas alors de changer le numéro des aiguilles.

Échantillon

25 mailles x 42 rangs = 10 cm tricotés au point mousse avec les aig. n° 4.

Mesurez votre échantillon avec soin, et si besoin changez le numéro des aiguilles (voir page 23).

Mesures

LONGUEUR	78 cm
LARGEUR	12 cm
RAYURES	7 cm de haut

Réalisation

Montez 30 m. A sur les aig. n° 4.

Tric. 30 rgs à l'end.

Laissez le fil A.

Tric. 30 rgs end. B.

Laissez le fil B.

Cont. ainsi en tric. alternativement 30 rgs de chaque couleur, jusqu'à un total de 11 rayures, en term. par une rayure A.

Rab.

Rentrez les fils.

Fournitures

1 pel. de 50 g. de fil 57 % mérinos extra-fin, 33 % microfibre, 10 % cachemire, 130 m./50 g., col. bleu clair A (Rowan « Cashsoft DK », col. 503)

1 pel. de 50 g. de fil 57 % mérinos extra-fin, 33 % microfibre, 10 % cachemire, 130 m./50 g., col. bleu foncé B (Rowan « Cashsoft baby DK », col. 809)

2 aig. n° 4

1 aig. à laine

Abréviations

Voir page 39

Douce couverture

Avec sa jolie capuche, cette couverture se change

en burnous, bien pratique pour garder bébé au chaud

en toutes circonstances !

À la sortie du bain ou en promenade,

elle le protègera efficacement des courants d'air,

grâce à son fil incroyablement doux et chaud.

Fournitures

2 pel. de 50 g. de fil 55 % laine mérinos, 33 % microfibre, 12 % cachemire, 90 m./50g., col. gris A (Debbie Bliss « Cachemerino Aran », col. 104)

6 pel. de 50 g. de fil 55 % laine mérinos, 33 % microfibre, 12 % cachemire, 90 m./50g., col. écru B (Debbie Bliss « Cachemerino Aran », col. 002)

2 aig. n° 5 de 35 cm de long ou 1 aig. circulaire n° 5 pour travailler en aller-retour

1 aig. à laine

Abréviations

Voir page 39

Cette couverture est tricotée avec le rang de montage sur un bord plutôt qu'en bas, ce qui veut dire que vous avez besoin d'aiguilles plus longues que d'habitude pour y loger 160 mailles.

Échantillon

20 mailles x 38 rangs = 10 cm tric. au point mousse avec les aig. n° 5.

Mesurez votre échantillon avec soin, et si besoin changez le numéro des aiguilles (voir page 23).

Mesures

LONGUEUR   80 cm
LARGEUR   60 cm

Réalisation

Montez 160 m. A sur les aig. n° 5.

Tric. 4 cm au point mousse (chaque rg à l'end.), en term. par 1 rg sur l'env.

Coupez le fil A.

Tric. avec le fil B au point mousse jusqu'à 56 cm de haut. tot., en term. par 1 rg sur l'env.

Coupez le fil B.

Tric. avec le fil A au point mousse jusqu'à 60 cm de haut. tot., en term. par 1 rg sur l'env.

Rab.

Repassez légèrement.

Rentrez tous les fils.

Pliez les deux angles supérieurs vers le centre (voir schéma ci-contre), et cousez-les ensemble pour former une capuche, en faisant bien le raccord au niveau de la rayure.

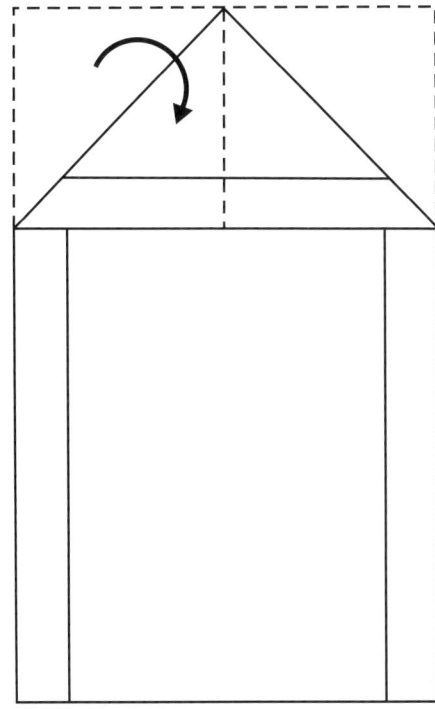

Pliez les angles supérieurs du rectangle de tricot pour qu'ils se rejoignent. Faites une petite couture pour former la capuche pointue.

Pull tout simple

Tout à fait intemporel, ce petit pull ravira plus d'une maman !

Par son élégance et sa souplesse, il conviendra parfaitement

aux petits découvreurs en herbe, qui se sentiront bien à l'aise

dedans. Ce pull est tricoté entièrement au point mousse, en un seul

morceau du bas jusqu'en haut, ce qui le rend très rapide à tricoter.

Fournitures

3 pel. de 50 g. de fil 100 % mérinos,
170 m./50 g., col. bleu clair A
(GGH « Merino Soft », col. 79)

1 pel. de 50 g. de fil 100 % mérinos,
170 m./50 g., col. bleu foncé B
(GGH « Merino Soft », col. 78)

2 aig. n° 3,5

1 arrêt de m.

1 aig. à laine

3 petits boutons

Abréviations

Voir page 39

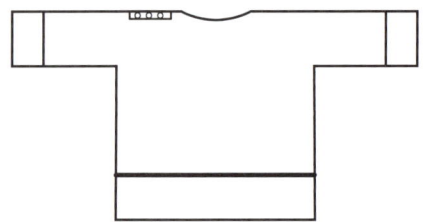

Échantillon

27 mailles x 36 rangs = 10 cm tric. au point mousse avec les aig. n° 3,5.

Mesurez votre échantillon avec soin, et si besoin changez le numéro des aiguilles (voir page 23).

Mesures

TAILLES :	0-3 mois	3-6 mois	6-9 mois	9-12 mois	12-18 mois
TOUR DE POITRINE :	50 cm	54 cm	58 cm	61,5 cm	65 cm
LONGUEUR :	24 cm	26 cm	28 cm	30 cm	32 cm
MANCHES (SS REVERS) :	15 cm	17 cm	20 cm	23 cm	25 cm

Dos

** Montez 68 (73 : 78 : 83 : 88) m. B sur les aig. n° 3,5.

Tric. 5 (6 : 7 : 7 : 7) cm au point mousse (chaque rg à l'end.), en term. par 1 rg sur l'env. Coupez le fil A.

Cont. au point mousse B pendant encore 10 (10 : 10 : 11 : 12) cm, en term. par 1 rg sur l'env., montez 40 (46 : 52 : 58 : 64) m. B à la fin de ce dernier rg pour la manche droite = *108 (119 : 130 : 141 : 152) m.*

Rg suiv. (end.) : tric. les m. ajoutées et les 68 (73 : 78 : 83 : 88) m. du corps, puis montez 40 (46 : 52 : 58 : 64) m. B à la fin du rg pour la manche gauche = *148 (165 : 182 : 199 : 216) m.*

Rg suiv. (env.) : tric. les 148 (165 : 182 : 199 : 216) m. **

Tric. sur ces m. pendant encore 9 (10 : 11 : 12 : 13) cm, en term. par 1 rg sur l'env.

ENCOLURE ET ÉPAULES

En trav. sur l'end., tric. 57 (65 : 73 : 81 : 89) m. B, et laissez ces m. en attente sur un arrêt de m. pour la manche droite, puis rab. les 34 (35 : 36 : 37 : 38) m. suiv. pour l'encolure dos, term. le rg = *57 (65 : 73 : 81 : 89) m. sur l'aig. pour la manche gauche.*

Tric. 2 rgs sur ces 57 (65 : 73 : 81 : 89) m.

Rab.

En trav. sur l'env., reprenez le trav. côté encolure sur les m. de la manche droite, avec A, et tric. les 57 (65 : 73 : 81 : 89) m. de l'arrêt de m.

Rg suiv. (bord extérieur de la manche) : rab. 40 (46 : 54 : 62 : 68) m., term. le rg = *17 (19 : 19 : 19 : 21) m. sur l'aig.*

Tric. 3 rgs sur ces 17 (19 : 19 : 19 : 21) m.

Devant

Trav. comme pour le dos de ** à **.

Tric. sur les 148 (165 : 182 : 199 : 216) m. pendant encore 8 (9 : 10 : 11 : 12) cm, en term. par 1 rg sur l'env.

ENCOLURE ET ÉPAULES

En trav. sur l'end., tric. 61 (69 : 77 : 85 : 93) m., et laissez ces m. sur un arrêt de m. pour la manche gauche, puis rab. 26 (27 : 28 : 29 : 30) m. pour l'encolure devant, tric. jusqu'à la fin = *61 (69 : 77 : 85 : 93) m. sur l'aig.* Tric. sur ces 61 (69 : 77 : 85 : 93) m. pour le côté droit de l'encolure et la manche droite.

CÔTÉ DROIT DE L'ENCÔLURE

1er rg (env.) : tric. jusqu'aux 3 dernières m., 2 m. ens., 1 m. = *60 (68 : 76 : 84 : 92) m.*

2e rg : 1 m. end., 2 m. ens., term. le rg = *59 (67 : 75 : 83 : 91) m.*

3e rg : tric. jusqu'aux 3 dernières m., 2 m. ens., 1 m. = *58 (66 : 74 : 82 : 90) m.*

4e rg : 1 m. end., 2 m. ens., term. le rg = *57 (65 : 73 : 81 : 89) m.*

5e rg : rab. 40 (46 : 54 : 62 : 68) m. pour la manche droite, term. le rg = *17 (19 : 19 : 19 : 21) m.*

6e rg : à l'end.

7e rg (rg avec boutonnières) : 2 (3 : 3 : 3 : 4) m., 1 jeté, 2 m. ens., 4 m., 1 jeté, 2 m. ens., 4 m., 1 jeté, 2 m. ens., 1 (2 : 2 : 2 : 3) m. (3 boutonnières sont formées.)

8e rg : à l'end. Rab.

CÔTÉ GAUCHE DE L'ENCOLURE

En trav. sur l'env., reprenez le trav. côté encolure avec A, sur les m. de l'arrêt de m., et tric.-les ainsi :

1er rg : 1 m. end., 2 m. ens., term. le rg = *60 (68 : 76 : 84 : 92) m.*

2e rg : tric. jusqu'aux 3 dernières m., 2 m. ens., 1 m. = *59 (67 : 75 : 83 : 91) m.*

3e rg : 1 m. end., 2 m. ens., term. le rg = *58 (66 : 74 : 82 : 90) m.*

4e rg : tric. jusqu'aux 3 dernières m., 2 m. ens., 1 m. = *57 (65 : 73 : 81 : 89) m.* Rab.

Finitions

Cousez le dessus des manches, en laissant ouvertes les bandes de boutonnage de l'épaule droite. Cousez les côtés et les dessous de manches, en vous assurant de bien raccorder les couleurs et en inversant la couture pour le revers des manches. Rentrez tous les fils. Cousez les 3 boutons sur l'épaule droite, en vis-à-vis des boutonnières.

Bonnets en laine et coton

Ces adorables petits bonnets sont des incontournables

dans une garde-robe de bébé : en coton pour la mi-saison,

ou en laine pour les sorties dans le froid, ils feront aussi

un bon entraînement pour les tricoteuses débutantes,

qui testeront les côtes et le point mousse sur de petites portions,

avant de se lancer dans des projets de plus grande envergure.

Ajoutez un pompon, quelques rayures, variez les bordures,

et vous voici en possession d'un accessoire original, vite tricoté !

Pages 56-57, vous trouverez les explications du bonnet en coton, et pages 58-59, celles du bonnet en laine. N'hésitez pas à laisser aller votre imagination, en mélangeant points et finitions, en faisant des rayures sur le bonnet en laine, en ajoutant un pompon sur celui en coton, ou en ajoutant vos propres ornements.

Échantillon

20 mailles x 28 rangs = 10 cm tric. au point mousse avec les aig. n° 4.
Mesurez votre échantillon avec soin, et si besoin changez le numéro des aiguilles (voir page 23).

Tailles

0-3 mois   3-6 mois   6-12 mois   12-18 mois   18-24 mois   24-36 mois

Réalisation du bonnet bleu en coton

Montez 66 (74 : 82 : 90 : 98 : 106) m. A sur les aig. n° 4.
Tric. 6 rgs au point mousse (chaque rg à l'end.).
Laissez le fil A.
En comm. par 1 rg env. (sur l'env.), tric. 2 rgs de jersey end. B.
Laissez le fil B.
En comm. par 1 rg env. (sur l'env.), tric. 2 rgs de jersey end. A.
Cont. en jersey end., en formant des rayures de 2 rgs B et 2 rgs A tout du long, jusqu'à 9 (10 : 11 : 13 : 14 : 15) cm de haut. tot., en term. par 1 rg env.

CALOTTE
Tout en cont. les rayures :
1er rg (end.) : [6 (7 : 8 : 9 : 10 : 11) m. end., 2 m. ens. à l'end.] 8 fs, 2 m. end. = *58 (66 : 74 : 82 : 90 : 98) m.*
2e rg : à l'env.
3e rg : [5 (6 : 7 : 8 : 9 : 10) m. end., 2 m. ens. à l'end.] 8 fs, 2 m. end. = *50 (58 : 66 : 74 : 82 : 90) m.*
4e rg : à l'env.
5e rg : [4 (5 : 6 : 7 : 8 : 9) m. end., 2 m. ens. à l'end.] 8 fs, 2 m. end. = *42 (50 : 58 : 66 : 74 : 82) m.*
6e rg : à l'env.

Fournitures

1 pel. de 50 g. de fil 100 % coton,
  84 m./50 g., col. bleu gris A
  (Debbie Bliss « Cotton DK », col. 19)
1 pel. de 50 g. de fil 100 % coton,
  84 m./50 g., col. bleu B
  (Debbie Bliss « Cotton DK », col. 09)
2 aig. n° 4
1 aig. à laine

Abréviations

Voir page 39

Cont. ainsi, en tric. 1 m. de moins entre les dim., et en tric. à l'env. les autres rgs jusqu'à ce qu'il reste 18 m., en term. par 1 rg env.

Rg suiv. : [2 m. ens. à l'end.] 9 fs = *9 m.* Coupez le fil, en conservant environ 50 cm pour la couture. Glissez-le dans les 9 m. rest., serrez et arrêtez solidement.

Finitions

Fermez le bonnet par une couture invisible, en alignant bien les rayures. Arrêtez le fil. Rentrez tous les fils. Repassez légèrement.

Fournitures

1 (1 : 1 : 1 : 2 : 2) pel. de 50 g. de fil 57 % mérinos extra-fin, 33 % microfibre, 10 % cachemire, 130 m./50 g., col. rose A (Rowan « Cashsoft DK », col. 501)

1 pel. de 50 g. de fil 57 % mérinos extra-fin, 33 % microfibre, 10 % cachemire, 130 m./50 g., col. parme B (Rowan « Cashsoft DK », col. 502)

2 aig. n° 4

1 aig. à laine

Abréviations

Voir page 39

Échantillon

25 mailles x 30 rangs = 10 cm tric. en jersey end. avec les aig. n° 4.

Mesurez votre échantillon avec soin, et si besoin changez le numéro des aiguilles (voir page 23).

Tailles

0-3 mois   3-6 mois   6-12 mois   12-18 mois   18-24 mois   24-36 mois

Réalisation du bonnet rose en laine

Montez 76 (86 : 96 : 106 : 116 : 126) m. B sur les aig. n° 4.

1er rg : * 1 m. end., 1 m. env., rép. depuis * jusqu'à la fin.

La répétition de ce rg forme des côtes 1/1.

Tric. encore 5 rgs en côtes 1/1.

Coupez le fil B.

En comm. par 1 rg env. (env. du trav.), cont. en jersey end. A pendant 8 (9 : 10 : 11 : 12 : 13) cm, en term. par 1 rg env.

CALOTTE

1er rg (end.) : [5 (6 : 7 : 8 : 9 : 10) m. end., 2 m. ens. à l'end.] 10 fs, 6 m. end. = *66 (76 : 86 : 96 : 106 : 116) m.*

2e rg : à l'env.

3e rg : [4 (5 : 6 : 7 : 8 : 9) m. end., 2 m. ens. à l'end.] 10 fs, 6 m. end. = *56 (66 : 76 : 86 : 96 : 106) m.*

4e rg : à l'env.

5e rg : [3 (4 : 5 : 6 : 7 : 8) m. end., 2 m. ens. à l'end.] 10 fs, 6 m. end. = *46 (56 : 66 : 76 : 86 : 96) m.*

6e rg : à l'env.

Cont. ainsi, en tric. 1 m. de moins entre les dim., et en tric. à l'env. tous les autres rgs jusqu'à ce qu'il reste 26 m., en term. par 1 rg env.

Rg suiv. : [2 m. ens. à l'end.] 13 fs = *13 m.*

Coupez le fil en conservant environ 50 cm pour la couture. Glissez-le dans les 13 m. rest., serrez et arrêtez solidement.

Finitions

Fermez le bonnet par une couture invisible. Arrêtez le fil. Rentrez tous les fils. Repassez légèrement.

Confectionnez un petit pompon B, et cousez-le au sommet du bonnet.

Chaussons et moufles

Ce ravissant ensemble a été spécialement conçu

pour des nouveaux-nés : les chaussons sont faciles à enfiler,

mais difficiles à enlever par bébé, et les moufles l'empêcheront

de se griffer. Cependant, n'hésitez pas à adapter leur taille

pour des bébés un peu plus grands.

Voici un projet très économique : la réalisation des moufles et des chaussons assortis ne demande qu'une seule pelote de fil !

Échantillon

28 mailles x 34 rangs = 10 cm tric. en jersey end. avec les aig. n° 3,5.

Mesurez votre échantillon avec soin, et si besoin changez le numéro des aiguilles (voir page 23).

Tailles

Nouveau-né   3–6 mois

Réalisation des chaussons (x 2 en miroir)

Commencez par la semelle.

SEMELLE

Montez 36 (52) m. A sur les aig. n° 3,5.

1er rg (env.) : à l'end.

2e rg : 1 augm. ds la 1ère m., 13 (21) m. end., [1 augm. dans la m. suiv., 1 m. end.] 4 fs, tric. jusqu'aux 2 dernières m., 1 augm. dans la m. suiv., 1 m. end. = *42 (58) m.*

3e rg : à l'end.

4e rg : 1 augm. ds la 1ère m., 16 (24) m. end., [1 augm. dans la m. suiv., 1 m. end.] 4 fs, tric. jusqu'aux 2 dernières m., 1 augm. dans la m. suiv., 1 m. end. = *48 (64) m.*

5e rg : à l'end.

6e rg : 1 augm. ds la 1ère m., 19 (27) m. end., [1 augm. dans la m. suiv., 1 m. end.] 4 fs, tric. jusqu'aux 2 dernières m., 1 augm. dans la m. suiv., 1 m. end. = *54 (70) m.*

Tric. droit 7 (13) rgs au point mousse.

DESSUS DU PIED

1er rg (end.) : 24 (32) m. end., 1 surjet simple (1 m. glissée, 1 m. end. sur laquelle on rab. la m. glissée), 2 m. end., 2 m. ens. à l'end., tournez. Laissez les autres m. sur l'aig.

2e rg : 1 m. glissée, 12 m. end., 2 m. ens. à l'end., tournez, laissez les autres m. sur l'aig.

3e rg : 1 m. glissée, 3 m. end., 1 surjet simple, 2 m. end., 2 m. ens. à l'end., 4 m. end., 2 m. ens. à l'end., tournez.

Rép. les 2e et 3e rgs 3 (5) fs.

Rg suiv. : rép. le 2e rg.

Rg suiv. : à l'end. sur l'ensemble des m.

Rg suiv. (sur l'env.) : à l'end. sur toutes les m. = *34 (42) m.*

Prenez les aig. n° 3 et tric. le haut en côtes :

1er rg (end. du trav.) : 2 m. end., * 2 m. env., 2 m. end., rép. depuis * jusqu'à la fin.

Fournitures

1 pel. de 50 g. de fil 55 % laine, 33 % microfibre, 12 % cachemire, 125 m./50 g., col. jaune A (Debbie Bliss « Baby Cashmerino », col. 001)

Quelques g. de fil blanc B, de même qualité que A

2 aig. n° 3

2 aig. n° 3,5

1 aig. à laine

1 m. de ruban blanc de 5 mm de large

Abréviations

Voir page 39

2ᵉ rg : 2 m. env., * 2 r

Le 1ᵉʳ et le 2ᵉ rg form

Rép. les 1ᵉʳ et 2ᵉ rgs j

Finitions

Repassez légèrement su

sur les 3 (4) cm du haut

Confectionnez deux peti

de chaque chausson.

Réalisation des

Montez 30 (34) m. A sur le

1ᵉʳ rg (end.) : 2 m. end., *

2ᵉ rg : 2 m. env., * 2 m. en

Le 1ᵉʳ et le 2ᵉ rg forment d

Rép. les 1ᵉʳ et 2ᵉ rgs jusqu'

Prenez les aig. n° 3,5.

Rg suiv. (end.) : à l'end.

Rg suiv. (rg avec œillets) : 1

depuis * 4 (7) fs, 3 (1) m. enc

Tric. au point mousse pendar

HAUT DE LA MAIN

1ᵉʳ rg (end.) : [1 m. end., 2 m.

ens. à l'end., 1 m. end.] 2 fs =

2ᵉ rg et ts les rgs pairs : à l'en

3ᵉ rg : [1 m. end., 2 m. ens. à l

à l'end., 1 m. end.] 2 fs = 22 (2

5ᵉ rg : [1 m. end., 2 m. ens. à l'

à l'end., 1 m. end.] 2 fs = 18 (22

7ᵉ rg : [1 m. end., 2 m. ens. à l'e

à l'end., 1 m. end.] 2 fs = 14 (18)

Rab. après le 8ᵉ rg.

Finitions

Repassez légèrement sur l'env.

Faites les coutures. Rentrez tous le

Passez 10 cm de ruban blanc dans

bloquez-le par un petit point si vous

Chaussons en coton

Parce qu'il n'y a pas plus adorable

qu'un petit pied de bébé, voici de ravissants chaussons,

version fille à bracelet de cheville et version garçon à languette,

pour les mettre en valeur dignement !

Ils siéront même aux petons les plus agités…

Leur réalisation est un peu complexe, mais ils sont assez rapides

à tricoter, et ne demandent que très peu de fil.

Fournitures

1 pel. de 50 g. de fil 100 % coton,
84 m./50 g., col. bleu A ou rose B
(Debbie Bliss « Cotton DK »,
col. 16 ou 19).

2 aig. n° 3,5

2 arrêts de m.

1 aig. à laine

2 boutons

Abréviations

Voir page 39

Tricotez la première partie des explications, qui concerne le dessus du pied, aussi bien pour les chaussons à languette que pour ceux à bracelet de cheville, puis suivez les explications de la version choisie.

Échantillon

20 mailles x 38 rangs = 10 cm tric. au point mousse avec les aig. n° 3,5.

Mesurez votre échantillon avec soin, et si besoin changez le numéro des aiguilles (voir page 23).

Tailles

0–6 mois   6–12 mois

Réalisation (x 2 en miroir)

Montez 32 (38) m. A ou B sur les aig. n° 3,5.

1er rg : à l'end.

DESSUS DU PIED

1er rg : 21 (25) m. end., tournez, laissez les 11 (13) dernières m. en attente sur un arrêt de m. Tric. 12 (16) rgs sur les 10 (12) m. suiv., comme suit en damiers :

1er rg : 3 m. end., 2 m. env., 2 m. end., 2 m. env., 1 (3) m. end., tournez. Laissez les 11 (13) m. rest. sur un 2e arrêt de m.

2e rg : 1 (3) m. env., 2 m. end., 2 m. env., 2 m. end., 3 m. env., tournez.

3e rg : 1 (3) m. end., 2 m. env., 2 m. end., 2 m. env., 3 m. end., tournez.

4e rg : 3 m. env., 2 m. end., 2 m. env., 1 (3) m. env., tournez.

Rép. les 4 derniers rgs 2(3) autres fs, mais sans tourner à la fin.

Rg suiv. : en laissant le chausson et les aig. dans la même position qu'à la fin du dernier rg, relevez 7 (9) m. sur la lisière du point damiers qui vient d'être tricoté, puis tric. les 11 (13) m. du 1er arrêt de m. = 28 (34) m.

TOUR DU PIED

1er rg : tric. à l'end. les 28 (34) m. qui viennent d'être tric., puis relevez 7 (9) m. sur l'autre lisière du point damiers, et tric. les 11 (13) m. rest. du 2e arrêt de m. = 46 (56) m.

2e au 8e (10e) rg : à l'end.

Rg suiv. : rab. 2 (4) m., à l'end. jusqu'à la fin = 44 (52) m.

Rg suiv. : rab. 2 (4) m., 2 m. end., 2 m. ens. à l'end., 14 (17) m. end., 2 m. ens. à l'end., 2 m. end., 2 m. ens. à l'end., 14 (17) m. end., 2 m. ens. à l'end., 2 m. end. = 38 (44) m.

Rg suiv. : à l'end.

Rg suiv. : 2 m. end., 2 m. ens. à l'end., 12 (15) m. end., 2 m. ens. à l'end., 2 m. end., 2 m. ens. à l'end., 12 (15) m. end., 2 m. ens. à l'end., 2 m. end. = 34 (40) m.

Rg suiv. : à l'end.

Rg suiv. : 2 m. end., 2 m. ens. à l'end., 10 (13) m. end., 2 m. ens. à l'end., 2 m. end., 2 m. ens. à l'end., 10 (13) m. end., 2 m. ens. à l'end., 2 m. end. = *30 (36) m.* Rab.

Finitions

Repassez légèrement sur l'envers.

Faites les coutures. Rentrez tous les fils.

Bracelet de cheville des chaussons roses

En trav. sur l'end. avec les aig. n° 3,5, relevez 8 (10) m. régulièrement espacées sur l'arrière du haut du chausson : 4 (5) m. de chaque côté de la couture arrière.

Tournez et tric. 5 (7) rgs au point mousse sur ces 8 (10) m.

Rg suiv. : montez 4 (5) m. pour le chausson droit, ou 20 (22) m. pour le chausson gauche, tric. à l'end.

Rg suiv. : montez 20 (22) m. pour le chausson droit, ou 4 (5) m. pour le chausson gauche, tric. à l'end. = *32 (37) m.*

Rg suiv. (rg avec boutonnière) :

Pour le chausson droit : à l'end. jusqu'aux 3 dernières m., 1 jeté, 2 m. ens. à l'end., 1 m. end.

Pour le chausson gauche : 2 m. end., 1 jeté, 2 m. ens. à l'end., à l'end. jusqu'à la fin du rg.

Rg suiv. : à l'end. Rab.

Cousez un bouton sur la petite extrémité du bracelet de cheville.

Languette des chaussons bleus

En trav. sur l'end. avec les aig. n° 3,5, relevez 3 m. au milieu du dessus de pied.

Tric. 5 (7) rgs au point mousse sur ces 3 m. Ne rab. pas et laissez ces 3 m. en attente sur un arrêt de m.

En trav. sur l'end. avec les aig. n° 3,5, relevez 8 (10) m. sur l'arrière du haut du chausson : 4 (5) m. de chaque côté de la couture.

Tournez et tric. 5 (7) rgs au point mousse sur ces 8 m.

Rg suiv. : montez 4 (5) m. pour le chausson droit, ou 9 (10) m. pour le chausson gauche, tric. à l'end. les 3 m. de l'arrêt de m., puis montez 9 (10) m. pour le chausson gauche, term. à l'end.

Rg suiv. : montez 9 (10) m., tric. à l'end. les 3 m. de l'arrêt de m., puis montez 9 (10) m. pour le chausson droit, ou 4 (5) m. pour le chausson gauche, term. à l'end. = *33 (38) m.*

Rg suiv. (rg avec boutonnière) :

Pour le chausson droit : à l'end. jusqu'aux 3 dernières m., 1 jeté, 2 m. ens. à l'end., 1 m. end.

Pour le chausson gauche : 2 m. end., 1 jeté, 2 m. ens. à l'end., à l'end. jusqu'à la fin du rg.

Rg suiv. : à l'end. Rab.

Cousez un bouton sur chaque chausson, sur l'extrémité de chaque petite partie située sur la cheville, face à la languette.

Chaussons en coton

Cache-cœur

Quoi de plus pratique pour un bébé qu'un pull facile à enfiler,

et sans boutons qu'il risque d'avaler ?

Doux comme un bonbon, et chic comme tout

grâce à sa petite ceinture en ruban de soie à nouer

dans le dos, il se prêtera à tous les usages.

Tricoté en une seule pièce, ce petit haut est à la portée

des débutantes. Ne vous laissez pas effrayer par l'usage

de l'arrêt de mailles, cette manipulation est en fait très simple.

Échantillon

23 mailles x 33 rangs = 10 cm tric. en jersey end. avec les aig. n° 4.

Mesurez votre échantillon avec soin et changez, si besoin, le numéro des aiguilles (voir page 23).

Mesures

TAILLES	0–6 mois	6–12 mois	12–18 mois	18–24 mois	24–36 mois
TOUR DE POITRINE	50 cm	57 cm	61 cm	66 cm	70 cm
LONGUEUR	23 cm	24 cm	26 cm	28 cm	30 cm

Dos

Comm. en bas du dos. Montez 58 (66 : 72 : 76 : 80) m. A sur les aig. n° 4.

Tric. 5 rgs au point mousse.

6e rg (env.) : à l'env.

Tric. 14 (14 : 16 : 17 : 18) cm de jersey end., en comm. par 1 rg end. et en term. par 1 rg env.

Cont. en jersey end., en augm. 1 m. à chaque extrémité du rg suiv., puis ts les 2 rgs jusqu'à 66 (74 : 80 : 84 : 88) m., en term. par 1 rg end.

Fournitures

2 (2 : 3 : 3 : 4) pel. de 50 g. de fil 57 %
    laine mérinos extra-fine, 33 %
    microfibre, 10 % cachemire,
    130m./50 g., col. rose A (Rowan
    « Cashsoft Baby DK », col. 807)

2 aig. n° 4

1 arrêt de m.

2 repères de m.

1 aig. à laine

1 m. de ruban rose de 1 cm de large

Abréviations

Voir page 39

MANCHES

1er rg (env.) : montez 16 (16 : 16 : 18 : 18) m., à l'env. jusqu'à la fin = *82 (90 : 96 : 102 : 106) m.*

2e rg : montez 16 (16 : 16 : 18 : 18) m., à l'env. jusqu'à la fin = *98 (106 : 112 : 120 : 124) m.*

3e rg : 3 m. end., à l'env. jusqu'aux 3 dernières m., 3 m. end.

4e rg : à l'end.

Rép. les 3e et 4e rgs jusqu'à 6 (7 : 7 : 8 : 9) cm de haut. de manche, en term. par un 4e rg.

Rg suiv. (env.) : 3 m. end., 32 (35 : 38 : 41 : 42) m. env., 28 (30 : 30 : 32 : 34) m. end., 32 (35 : 38 : 41 : 42) m. env., 3 m. end.

Rg suiv. : à l'end.

Rép. les 2 derniers rgs encore 1 fs.

PARTAGE POUR LE DEVANT

Rg suiv. (env.) : 3 m. end., 32 (35 : 38 : 41 : 42) m. env., 3 m. end., et laissez ces 38 (41 : 44 : 47 : 48) m. sur un arrêt de m. pour le devant gauche, rab. 22 (24 : 24 : 26 : 28) m., 2 m. end., 32 (35 : 38 : 41 : 42) m. env., 3 m. end. = *38 (41 : 44 : 47 : 48) m. sur l'aig.*

Devant droit

Cont. à trav. sur les 38 (41 : 44 : 47 : 48) m. de l'aig. droite.

Rg suiv. (end.) : à l'end.

Rg suiv. : 3 m. end., 32 (35 : 38 : 41 : 42) m. env., 3 m. end.

Rép. les 2 derniers rgs encore 1 fs.

En cont. au point mousse, à chaque rg, sur les 3 m. qui bordent la manche et l'encolure, tric. le reste en jersey end. en augm. 1 m. côté encolure, à 3 m. du bord, à chaque rg jusqu'à 58 (65 : 68 : 73 : 78) m., en term. par 1 rg sur l'env.

MANCHE

Rg suiv. (end.) : rab. 16 (16 : 16 : 18 : 18) m., à l'end. jusqu'aux 4 dernières m., 1 augm. comme précédemment, 3 m. end. = *43 (50 : 53 : 56 : 61) m.*
En cont. les 3 m. end. à chaque rg au bord de l'encolure, tric. le reste en jersey end. en augm. 1 m. comme précédemment à chaque rg et, en même temps, dim. 1 m. côté emmanchure au rg suiv. puis ts les 2 rgs sur l'end., jusqu'à ce que 4 dim. soient faites = *46 (53 : 56 : 59 : 64) m.*
En cont. les 3 m. end. à chaque rg au bord du devant, tric. le reste en jersey end. en trav. droit sur le côté mais en cont. les augm. pour l'encolure comme précédemment jusqu'à 49 (57 : 63 : 66 : 67) m. Posez un repère sur le côté, au dernier rg.
En cont. les 3 m. end. à chaque rg au bord du devant, tric. le reste en jersey end., tout droit, jusqu'à ce que le devant ait la même haut. que le dos au-dessus de la bordure en point mousse, en term. sur l'end. Tric. 4 rgs au point mousse. Rab.

Devant gauche

Reprenez les 38 (41 : 44 : 47 : 48) m. de l'arrêt de m., et tric. en vis-à-vis du devant droit, sans poser de repère.

Finitions

Posez un 2e repère sur le devant droit, 1,5 cm en dessous du 1er repère. Cousez les côtés par une couture invisible, en laissant une ouverture sur le côté droit entre les repères, pour y passer le ruban. Enlevez les repères.
Cousez les manches. Rentrez tous les fils.
Cousez une longueur de ruban rose sur chaque devant, au niveau de l'arrêt des augmentations.

Bonnet douillet

Version revisitée d'un modèle traditionnel,

cet adorable bonnet de naissance est parfait puisqu'il protégera

bébé du soleil en été et le gardera au chaud en hiver,

tout en tenant bien en place.

À réaliser aussi bien pour les garçons que pour les filles !

Simple mais aussi élégant, il pourra être porté lors d'occasions

particulières, comme un baptême ou un mariage.

Fournitures

1 pel. de 50 g. de fil 55 % laine, 33 % microfibre, 12 % cachemire, 125 m./50 g., col. écru A (Debbie Bliss « Cashemerino », col. 101)
2 aig. n° 3 de 35 cm de long
1 aig. à laine

Abréviations

Voir page 39

Échantillon

28 mailles x 34 rangs = 10 cm tric. en jersey end. avec les aig. n° 3.
Mesurez votre échantillon avec soin et, si besoin changez le numéro des aiguilles (voir page 23).

Tailles

0–3 mois   3–6 mois   6–12 mois

Réalisation

En comm. par le front, montez 225 m. A sur les aig. n° 3.
1er rg : 1 m. end., * 1 m. env., 1 m. end., rép. depuis * jusqu'à la fin.
La répétition du 1er rg forme du point de riz.
Tric. 3 autres rgs au point de riz.
Rg suiv. : rab. 73 (70 : 67) m. au point de riz, tric. 79 (85 : 91) m. end., rab. les 73 (70 : 67) m. rest. au point de riz.
Reprenez le trav. sur la partie centrale.
Tric. 7 (8 : 9) cm en jersey end., en comm. par 1 rg end. et en term. par 1 rg env.

CALOTTE
1er rg (end.) : * 11 (12 : 13) m., 2 m. ens. à l'end., rép. depuis * jusqu'à la dernière m., 1 m. end. = *73 (79 : 85) m.*
Tric. 3 rgs en jersey end.
5e rg: * 10 (11 : 12) m. end., 2 m. ens. à l'end., rép. depuis * jusqu'à la dernière m., 1 m. end. = *67 (73 : 79) m.*
6e rg: à l'env.
Cont. ainsi, en tric. 1 m. de moins entre les dim., et en tric. à l'env. les autres rgs jusqu'à ce qu'il reste 13 m., en term. par 1 rg avec dim.
Rg suiv. : à l'env.
Rg suiv. : [2 m. ens. à l'end.] 6 fs, 1 m. end. = *7 m.*
Coupez le fil en conservant environ 50 cm pour la couture. Glissez-le dans les 7 m. rest., serrez et arrêtez solidement.

Finitions

Fermez l'arrière du bonnet par une couture invisible sur 3 cm.
Arrêtez le fil. Rentrez tous les fils.
Repassez légèrement pour mettre en forme.

Bordure d'encolure arrière

En trav. sur l'end., relevez 50 (56 : 62) m. sur la lisière en bas de la partie en jersey end.

1er rg (env.) : * 1 m. end., 1 m. env., rép. depuis * jusqu'à la fin.
La répétition du 1er rg forme des côtes 1/1.
Tric. encore 3 rgs en côtes 1/1.
Rab. en tric. les m. en côtes 1/1.

Cardigan

Classique et facile à accorder avec tout, ce petit cardigan pourra

être porté à n'importe quel moment de l'année, particulièrement

si vous tricotez une version plus légère en coton pour l'été.

Ses ravissantes bordures au point de riz contrastées,

et sa boutonnière dissimulée sous un ruban,

en font un modèle soigné, qui épatera votre entourage !

Si vous le souhaitez, tricotez ce cardigan dans

une seule couleur et supprimez le ruban en velours,

pour une version destinée à un petit garçon.

Fournitures

3 pel. de 50 g. de fil 57 % laine mérinos extra-fine, 33 % microfibre, 10 % cachemire, 130 m./50 g., col. violet A (Rowan « Cashsoft baby DK », col. 502)

1 pel. de 50 g. de fil 57 % laine mérinos extra-fine, 33 % microfibre, 10 % cachemire, 130 m./50 g., col. bleu ciel B (Rowan « Cashsoft baby DK », col. 504)

2 aig. n° 4

1 arrêt de m.

1 aig. à laine

1,5 m de gros-grain ou de biais de bordure de 1,5 cm de large

30 cm de ruban rose de 2 cm de large

4 pressions

Abréviations

Voir page 39

Échantillon

23 mailles x 33 rangs = 10 cm tric. en jersey end. avec les aig. n° 4.

Mesurez votre échantillon avec soin, et si besoin changez le numéro des aiguilles (voir page 23).

Mesures

TAILLES	3–6 mois	6–12 mois	12–18 mois	18–24 mois	24–36 mois
TOUR DE POITRINE	50 cm	57 cm	63 cm	69 cm	72 cm
LONGUEUR	24 cm	26 cm	28 cm	30 cm	32 cm
LONGUEUR DE MANCHE	15 cm	17 cm	19 cm	21 cm	23 cm

Dos

Montez 57 (65 : 73 : 77 : 81) m. B sur les aig. n° 4.

1er rg : 1 m. end., * 1 m. env., 1 m. end., rép. depuis * jusqu'à la fin.

La répétition du 1er rg forme du point de riz.

Tric. 3 rgs au point de riz. Coupez le fil B.

Tric. 15 (16 : 17 : 18 : 20) cm de jersey end. A, en comm. par 1 rg end. et en term. par 1 rg env.

EMMANCHURES

Rab. 3 (4 : 4 : 5 : 5) m. au comm. des 2 rgs suiv. = *51 (57 : 65 : 67 : 71) m.*

Dim. 1 m. à chaque extrémité du rg suiv. puis ts les 2 rgs 0 (1 : 2 : 2 : 3) fs = *49 (53 : 59 : 61 : 63) m.*

Cont. droit en jersey end. jusqu'à 23 (25 : 27 : 29 : 31) cm de haut. tot., en term. par 1 rg env.

ENCOLURE ET ÉPAULES

1er rg (end.) : 10 (12 : 14 : 14 : 15) m. end., 1 m. end., * 1 m. env., 1 m. end., rép. depuis * sur les 26 (26 : 28 : 30 : 30) m. suiv., 10 (12 : 14 : 14 : 15) m. end.

2e rg : 10 (12 : 14 : 14 : 15) m. env., 1 m. end., * 1 m. env., 1 m. end., rép. depuis * sur les 26 (26 : 28 : 30 : 30) m. suiv., 10 (12 : 14 : 14 : 15) m. env.

Rép. 1 fs les 1er et 2e rgs.

5e rg : 10 (12 : 14 : 14 : 15) m. end., 4 m. au point de riz, et mettez ces 14 (16 : 18 : 18 : 19) m. sur un arrêt de m. pour le côté droit de l'encolure du dos, rab. 21 (21 : 23 : 25 : 25) m., 3 m. au point de riz, 10 (12 : 14 : 14 : 15) m. end. = *14 (16 : 18 : 18 : 19) m. sur l'aig. droite.*

6e rg : 10 (12 : 14 : 14 : 15) m. env., 4 m. au point de riz.

7e rg : 4 m. au point de riz, à l'end. jusqu'à la fin. Rab. en respectant les points.

Reprenez les m. rest. et tric. 1 rg pour arriver au niveau de l'autre épaule. Rab.

Devant gauche

Montez 31 (35 : 39 : 43 : 45) m. B sur les aig. n° 4.

1er rg (end.) : 1 m. end., * 1 m. env., 1 m. end., rép. depuis * jusqu'à la fin.

La répétition du 1er rg forme du point de riz.
Tric. 3 rgs au point de riz. Coupez le fil B.
Rg suiv. : avec A, à l'end. jusqu'aux
4 dernières m., 1 m. env., 1 m. end., 1 m. env., 1 m. end.
Rg suiv. : 4 m. au point de riz, à l'env. jusqu'à la fin.
Rép. les 2 derniers rgs pendant 15 (16 : 17 : 18 : 20) cm, en term. par 1 rg sur l'env.

EMMANCHURE
Cont. les 4 m. au point de riz en bordure du devant.
1er rg (end.) : rab. 3 (4 : 4 : 5 : 5) m., à l'end. jusqu'aux 4 dernières m., 4 m. au point de riz = *28 (31 : 35 : 38 : 40) m.*
2e rg : 4 m. au point de riz, à l'env. jusqu'à la fin.
Dim. 1 m. pour l'emmanchure au rg suiv. puis ts les 2 rgs 0 (1 : 2 : 2 : 3) fs = *27 (29 : 32 : 35 : 36) m.*
Cont. droit en jersey end. avec 4 m. au point de riz en bordure jusqu'à 20 (22 : 24 : 26 : 28) cm de haut. tot., en term. par 1 rg sur l'end.

ENCOLURE
1er rg (env.) : 17 (17 : 18 : 21 : 21) m. au point de riz, à l'env. jusqu'à la fin.
2e rg : à l'end. jusqu'aux 17 (17 : 18 : 21 : 21) dernières m., au point de riz jusqu'à la fin.
Rép. 1 fs les 1er et 2e rgs.
5e rg : rab. 13 (13 : 14 : 17 : 17) m. au point de riz, 4 m. au point de riz, à l'env. jusqu'à la fin = *14 (16 : 18 : 18 : 19) m.*
6e rg : 10 (12 : 14 : 14 : 15) m. end., 4 m. au point de riz.
7e rg : 4 m. au point de riz, à l'env. jusqu'à la fin.
Rép. les 6e et 7e rgs jusqu'à 24 (26 : 28 : 30 : 32) cm de haut. tot. Rab.

Devant droit

Montez 31 (35 : 39 : 43 : 45) m. B sur les aig. n° 4.
1er rg : 1 m. end., * 1 m. env., 1 m. end., rép. depuis * jusqu'à la fin.
La répétition du 1er rg forme du point de riz.
Tric. 3 rgs au point de riz. Coupez le fil B.
Rg suiv. (end.) : avec A, 1 m. end., 1 m. env., 1 m. end., 1 m. env., à l'end. jusqu'à la fin.
Rg suiv. : à l'env. jusqu'aux 4 dernières m., 4 m. au point de riz.
Rép. les 2 derniers rgs pendant 15 (16 : 17 : 18 : 20) cm., en term. par 1 rg sur l'end.

EMMANCHURE
Cont. les 4 m. au point de riz en bordure du devant.
1er rg (env.) : rab. 3 (4 : 4 : 5 : 5) m., à l'env. jusqu'aux 4 dernières m., 4 m. au point de riz = *28 (31 : 35 : 38 : 40) m.*
2e rg : 4 m. au point de riz, à l'end. jusqu'à la fin en dim. 1 m. côté emmanchure = *27 (30 : 34 : 37 : 39) m.*
Dim. 1 m. côté emmanchure ts les 2 rgs 0 (1 : 2 : 2 : 3) fs = *27 (29 : 32 : 35 : 36)* m.
Cont. droit en jersey end. avec 4 m. au point de riz en bordure du devant jusqu'à 20 (22 : 24 : 26 : 28) cm de haut. tot., en term. par 1 rg sur l'env.

ENCOLURE
1er rg (end.) : 17 (17 : 18 : 21 : 21) m. au point de riz, à l'end. jusqu'à la fin du rg.
2e rg : à l'env. jusqu'aux 17 (17 : 18 : 21 : 21) dernières m., au point de riz jusqu'à la fin.
Rép. 1 fs les 1er et 2e rgs.
5e rg : rab. 13 (13 : 14 : 17 : 17) m. au point de riz, 4 m. au point de riz, à l'end. jusqu'à la fin = *14 (16 : 18 : 18 : 19) m.*
6e rg : 10 (12 : 14 : 14 : 15) m. env., 4 m. au point de riz.
7e rg : 4 m. au point de riz, à l'end. jusqu'à la fin.
Rép. les 6e et 7e rgs jusqu'à 24 (26 : 28 : 30 : 32) cm de haut. tot. Rab.

Manches (x 2)

Montez 29 (31 : 33 : 35 : 37) m. B sur les aig. n° 4.
1er rg : 1 m. end., * 1 m. env., 1 m. end., rép. depuis * jusqu'à la fin.
La répétition du 1er rg forme du point de riz.
Tric. 3 rgs au point de riz. Coupez le fil B.
En comm. par 1 rg end., tric. 4 rgs A en jersey end.
Augm. 1 m. à chaque extrémité du rg suiv. puis ts les 8 (6 : 5 : 5 : 5) rgs jusqu'à 39 (47 : 53 : 59 : 61) m.
Cont. droit en jersey end. jusqu'à 15 (17 : 19 : 21 : 23) cm de haut. tot.

TÊTE DE MANCHE
Rab. 3 (4 : 4 : 5 : 5) m. au début des 2 rgs suiv., puis dim. 1 m. à chaque extrémité du rg suiv. et ts les 2 rgs 0 (1 : 2 : 2 : 3) fs = *31 (35 : 39 : 43 : 43) m.*
Tric. 1 rg env. `
Rab.

Finitions

Repassez légèrement chaque pièce.
Cousez les épaules à points invisibles.
Pliez les manches en deux. En alignant le milieu de la tête de manche sur la couture d'épaule, cousez les manches dans les emmanchures. Fermez les manches et les côtés. Rentrez tous les fils.
En trav. sur l'env., cousez une bande de gros-grain ou de biais au bord de chaque devant pour le renforcer. Cousez les pressions sur les bords renforcés, en les espaçant régulièrement.
Cousez le ruban rose au bord d'un des devants, sur l'extérieur.

Ravissante petite robe

Distinguée et facile à réaliser, cette jolie petite robe

ravira toutes les petites filles qui aiment jouer les princesses !

Elle conviendra aussi aux aventurières qui aiment être libres

de leurs mouvements, grâce à sa forme simple et confortable.

N'hésitez pas à la rallonger un peu pour les grandes sœurs…

ou pour les petites filles particulièrement grandes.

Fournitures

2 (3 : 3 : 3) pel. de 50 g. de fil 55 % laine mérinos, 33 % microfibre, 12 % cachemire, 90 m./50 g., col. rose A (Debbie Bliss « Cashemerino Aran », col. 603)

1 (2 : 2 : 2) pel. de 50 g. de fil 55 % laine mérinos, 33 % microfibre, 12 % cachemire, 90 m./50 g., col. chocolat B (Debbie Bliss « Cashemerino Aran », col. 617)

2 aig. n° 5
1 arrêt de m.
1 aig. à laine
2 boutons
1 m. de ruban rose de 2 cm de large

Abréviations

Voir page 39

Échantillon

21 mailles x 27 rangs = 10 cm tric. en jersey end. avec les aig. n° 5.
Mesurez votre échantillon avec soin, et si besoin changez le numéro des aiguilles (voir page 23).

Mesures

TAILLES	6–12 mois	12–18 mois	18–24 mois	24–36 mois
TOUR DE POITRINE	52 cm	56 cm	60 cm	64 cm
LONGUEUR	40 cm	44 cm	46 cm	48 cm

Devant

** Montez 65 (69 : 73 : 77) m. B sur les aig. n° 5.

1er rg : 1 m. end., * 1 m. env., 1 m. end., rép. depuis * jusqu'à la fin.

La répétition du 1er rg forme du point de riz.

Tric. 3 rgs au point de riz.

Coupez le fil B.

5e rg (end.) : avec A, à l'end.

6e rg : à l'env.

La répétition des 5e et 6e rgs forme du jersey end.

Tric. encore 8 (10 : 12 : 12) rgs de jersey end., en comm. par 1 rg end. et en term. par 1 rg env.

Rg suiv. (end.) : à l'end., en dim. 1 m. à chaque extrémité du rg = *63 (67 : 71 : 75) m.*

Cont. en jersey end., en comm. par 1 rg env., et en dim. 1 m. à chaque extrémité 4 fs ts les 12 (12 : 14 : 16) rgs = *55 (59 : 63 : 67) m.*

Cont. droit en jersey end. jusqu'à 29 (31 : 32 : 33) cm de haut. tot., en term. par 1 rg end.

Coupez le fil A.

Rg suiv. (env.) : avec B, à l'env.

Rg suiv. (end.) : 1 m. end., * 1 m. env., 1 m. end., rép. depuis * jusqu'à la fin.

Rép. le dernier rg jusqu'à 4 (4 : 5 : 5) cm de haut. de point de riz, en term. par 1 rg sur l'env.

EMMANCHURES

Cont. au point de riz.

Rab. 3 (4 : 4 : 5) m. au début des 2 rgs suiv. = *49 (51 : 55 : 57) m.*

Dim. 1 m. à chaque extrémité des 4 (3 : 3 : 2) rgs suiv. = *41 (45 : 49 : 53) m.*

Cont. droit jusqu'à 8 (9 : 10 : 11) cm de haut de point de riz, en term. par 1 rg sur l'env. **

ENCOLURE

Cont. au point de riz.

Rg suiv. (end.) : 10 (11 : 12 : 13) m. au point de riz, et laissez ces m. sur un arrêt de m. pour le côté gauche de l'encolure, rab. les 21 (23 : 25 : 27) m. suiv., 9 (10 : 11 : 12) m. au point

de riz = 10 (11 : 12 : 13) m. sur l'aig. droite.
Tric. encore 3 (4 : 4 : 4) cm au point de riz sur ces 10 (11 : 12 : 13) m., en term. par 1 rg sur l'env.
Rab.

CÔTÉ DROIT DE L'ENCOLURE
Reprenez le trav. avec B sur les 10 (11 : 12 : 13) m. de l'arrêt de m., et tric. ce côté en vis-à-vis de l'autre.
Rab.

Dos
Trav. comme pour le devant de ** à **.

ENCOLURE
Cont. au point de riz.
Rg suiv. (end.) : 10 (11 : 12 : 13) m. au point de riz et laissez ces m. sur un arrêt de m. pour le côté droit de l'encolure, rab. les 21 (23 : 25 : 27) m. suiv., 9 (10 : 11 : 12) m. au point de riz = 10 (11 : 12 : 13) m. sur l'aig. droite.
Tric. encore 3 (4 : 4 : 4) cm au point de riz sur ces 10 (11 : 12 : 13) m., en term. par 1 rg sur l'env.
Rg suiv. (1er rg de la boutonnière) :
4 (4 : 5 : 5) m. au point de riz, rab. les 2 m. suiv., term. au point de riz.
Rg suiv. (2e rg de la boutonnière) : 4 (5 : 5 : 6) m. au point de riz, montez 2 m., term. au point de riz.
La boutonnière est terminée.
Tric. 2 rgs au point de riz.
Rab.

CÔTÉ DROIT DE L'ENCOLURE
Reprenez le trav. avec B sur les 10 (11 : 12 : 13) m. de l'arrêt de m., et tric. encore 3 (4 : 4 : 4) cm au point de riz sur ces 10 (11 : 12 : 13) m., en term. par 1 rg sur l'env.
Rg suiv. (1er rg de la boutonnière) :
4 (5 : 5 : 6) m. au point de riz, rab. les 2 m. suiv., term. au point de riz.
Rg suiv. (2e rg de la boutonnière) :
4 (4 : 5 : 5) m. au point de riz, montez 2 m., term. au point de riz.
La boutonnière est terminée.
Tric. 2 rgs au point de riz.
Rab.

Finitions
Repassez légèrement et rentrez tous les fils.
Cousez les côtés à points invisibles. Rentrez les fils.
Cousez les boutons en haut des bretelles sur le devant, en vis-à-vis des boutonnières. Les bretelles arrière sont conçues pour recouvrir les bretelles avant, mais vous pouvez ajuster l'emplacement du bouton en essayant la robe directement sur la petite fille à laquelle elle est destinée.
Nouez le ruban rose sous la poitrine, au niveau du changement de couleur, pour dessiner une taille « empire », et fixez-le en place à petits points sur une couture de côté de la robe.

Barboteuse

Cette barboteuse de petit marin convient parfaitement

aux bébés en quête de nouveaux horizons…

Cachant astucieusement les couches sous un entrejambe fermé

par des pressions, elle a des jambes assez courtes

pour ne pas gêner bébé lorsqu'il joue ou se déplace,

et le tiendra bien au chaud. Un vêtement très pratique,

dont il ne saura plus se passer !

Fournitures

3 (3 : 4) pel. de 50 g. de fil 55 % laine mérinos, 33 % microfibre, 12 % cachemire, 90 m./50 g., col. bleu clair A (Debbie Bliss « Cashemerino Aran », col. 202)

1 (1 : 2) pel. de 50 g. de fil 55 % laine mérinos, 33 % microfibre, 12 % cachemire, 90 m./50 g., col. gris B (Debbie Bliss « Cashemerino Aran », col. 102)

1 (1 : 2) pel. de 50 g. de fil 55 % laine mérinos, 33 % microfibre, 12 % cachemire, 90 m./50 g., col. bleu foncé C (Debbie Bliss « Cashemerino Aran », col. 207)

1 (1 : 2) pel. de 50 g. de fil 55 % laine mérinos, 33 % microfibre, 12 % cachemire, 90 m./50 g., col. blanc D (Debbie Bliss « Cashemerino Aran », col. 001)

2 aig. n° 5
1 arrêt de m.
1 aig. à laine
1 repère de m.
Gros-grain de 5 mm de large
2 gros boutons bleus
5 pressions

Abréviations

Voir page 39

Échantillon

18 mailles x 24 rangs = 10 cm tric. en jersey end. avec les aig. n° 5.
Mesurez votre échantillon avec soin, et si besoin changez le numéro des aiguilles (voir page 23).

Mesures

TAILLES	3–6 mois	6–9 mois	9–12 mois
TOUR DE POITRINE	51 cm	57 cm	60 cm
LONGUEUR DE L'ÉPAULE ET DU HAUT DE JAMBE	30 cm	36 cm	42 cm

Devant

** Montez 14 (16 : 18) m. A sur les aig. n° 5.
En comm. par 1 rg end. sur l'end., tric. 5 rgs de jersey end.
Cont. en jersey end., montez 5 (6 : 6) m. à la fin du rg suiv., puis des 3 rgs suiv., et 6 (6 : 6) m. à la fin des 4 rgs suiv. = *58 (64 : 66) m.*
Tric. 15 rgs droits, en comm. et en term. par 1 rg env. Posez un repère à chaque extrémité du 1er rg pour marquer la fin des jambes.
Cont. en jersey end., en dim. 1 m. à chaque extrémité du rg suiv. puis ts les 4 (6 : 8) rgs jusqu'à 46 (52 : 54) m.
Cont. droit jusqu'à 17 (21 : 25) cm de haut. depuis le haut de la jambe, en term. par 1 rg env.
Coupez le fil A.

PARTIE RAYÉE

Tric. 1 rg B en jersey end.
Laissez tomber le fil B.
Tric. 1 rg C en jersey end.
Laissez tomber le fil C.
Tric. 1 rg D en jersey end.
Laissez tomber le fil D.

EMMANCHURES

Cont. le jersey end. rayé en répétant les 3 rgs B, C et D.
Les fils n'ont pas besoin d'être coupés, mais doivent suivre souplement sur le côté du travail.
Dim. 1 m. à chaque extrémité du rg suiv., puis de chaque rg jusqu'à 36 (42 : 44) m.
Cont. droit en jersey end. jusqu'à ce que la partie rayée mesure 7 (9 : 11) cm, en term. par 1 rg end.
Rg suiv. : 10 (12 : 12) m. env., 16 (18 : 20) m. end., 10 (12 : 12) m. env.
Rg suiv. : à l'end.
Rg suiv. : 10 (12 : 12) m. env., 16 (18 : 20) m. end., 10 (12 : 12) m. env. **

BRETELLES

Rg suiv. : 10 (12 : 12) m. end. et laissez ces m. sur un arrêt de m. pour la 2e bretelle, rab. 16 (18 : 20) m., 9 (11 : 11) m. end. = *10 (12 : 12) m. sur l'aig. droite.*
Rg suiv. (env.) : 2 m. end., à l'env. jusqu'aux 2 dernières m., 2 m. end.
Rg suiv. : à l'end.
Rép. les 2 derniers rgs jusqu'à ce que la bretelle mesure 4 (5 : 5) cm, en term. par 1 rg sur l'env. Rab.
Reprenez le trav. sur les m. de l'arrêt de m. pour la 2e bretelle, et term. en vis-à-vis de l'autre.

Dos

Trav. comme pour le devant de ** à **.

BRETELLES

Rg suiv. : 10 (12 : 12) m. end. et laissez ces m. sur un arrêt de m. pour la 2e bretelle, rab. 16 (18 : 20) m., 9 (11 : 11) m. end. = *10 (12 : 12) m. sur l'aig. droite.*
Rg suiv. (env.) : 2 m. end., à l'env. jusqu'aux 2 dernières m., 2 m. end.
Rg suiv. : à l'end.
Rép. les 2 derniers rgs pendant 2 cm, en term. par 1 rg sur l'env.
Rg suiv. (1er rg de la boutonnière) : 4 (5 : 5) m. end., rab. 2 m., 3 (4 : 4) m. end.
Rg suiv. (2e rg de la boutonnière) : 2 m. end., 2 (3 : 3) m. env., montez 2 m., 2 (3 : 3) m. env., 2 m. end.
Cont. en jersey end. rayé jusqu'à ce que la bretelle mesure 4 (5 : 5) cm, en term. par 1 rg sur l'env. Rab.
Reprenez le trav. sur les m. de l'arrêt de m. pour la 2e bretelle, et term. en vis-à-vis de l'autre.
Rab.

Bordures des jambes (x 2)

Cousez les côtés.
En trav. sur l'end., avec les aig. n° 5, relevez 4 m. A sur le côté de la bordure d'entrejambe, 53 (57 : 57) m. tout autour de la jambe et 4 m. sur le côté de l'autre bordure d'entrejambe = *61 (65 : 65) m.*
1er rg (env.) : * 1 m. env., 1 m. end., rép. depuis * jusqu'à la dernière m., 1 m. env.
2e rg : 1 m. end., * 1 m. env., 1 m. end., rép. depuis * jusqu'à la fin.
La répétition des 1er et 2e rgs forme des côtes 1/1.
Tric. 2 rgs supplémentaires en côtes 1/1.
Rab. en tric. en côtes 1/1.

Finitions

Rentrez tous les fils.
Ne cousez pas l'entrejambe. Cousez le gros-grain sur les bords, au niveau où ils se croisent, sur la face qui ne se voit pas.
Cousez les pressions sur les bordures, pour fermer la barboteuse.
Cousez les boutons bleus sur l'avant des bretelles, en vis-à-vis des boutonnières.

Paletot de sortie

Quel cadeau idéal pour une jeune maman et son bébé !

À la fois simple et élégant grâce à la texture du point de riz,

il conviendra aussi bien aux petits garçons qu'aux petites filles.

Tour à tour cardigan, veste légère ou vêtement de baptême,

il fera en toutes circonstances un accessoire habillé et commode.

Fournitures

3 (3 : 4) pel. de 50 g. de fil 57 % laine mérinos,
33 % microfibre, 10 % cachemire,
130 m./50 g., col. écru A
(Rowan « Cashsoft Baby DK », col. 801)

2 aig. n° 4

1 aig. à laine

1 arrêt de m.

3 boutons

Abréviations

Voir page 39

Échantillon

23 mailles x 33 rangs = 10 cm tric. en jersey end. avec les aig. n° 4.
Mesurez votre échantillon avec soin, et si besoin changez le numéro des aiguilles (voir page 23).

Mesures

TAILLES	0–3 mois	3–6 mois	6–12 mois
TOUR DE POITRINE	44 cm	54 cm	60 cm
LONGUEUR	24 cm	26 cm	32 cm
LONGUEUR DES MANCHES	12 cm	15 cm	18 cm

Dos

Montez 73 (87 : 92) m. A sur les aig. n° 4.

Tric. 5 (7 : 7) rgs au point mousse.

Rg suiv. (env.) : à l'env.

Tric. en jersey end. jusqu'à 11 (15 : 20) cm de haut. tot., en term. par 1 rg sur l'end.

EMPIÈCEMENT

Rg suiv. (env.) : * 2 m. end., 2 m. ens. à l'end., rép. depuis * jusqu'aux 1 (3 : 0) dernières m., 1 (3 : 0) m. end. = *55 (66 : 69) m.*

Pour les 2 premières tailles uniquement :

Rg suiv. (end.) : 2 m. ens. à l'end., 24 (30) m. end., 3 (2) m. ens., 24 (30) m. end., 2 m. ens. à l'end. = *51 (63) m.*

Pour toutes les tailles :

Tric. 4 (4 : 5) rgs droits au point mousse.

POINT DE RIZ

1er rg (env.) : 1 m. end., * 1 m. env., 1 m. end., rép. depuis * jusqu'à la fin.

La répétition du 1er rg forme du point de riz.

Cont. au point de riz jusqu'à 20 (26 : 32) cm de haut. tot., en term. par 1 rg sur l'env.

ENCOLURE

Rg suiv. : tric. 13 (17 : 19) m. et laissez-les sur un arrêt de m., rab. 25 (29 : 31) m., tric. 12 (16 : 18) m. = *13 (17 : 19) m. sur l'aig.*

Tric. 1 rg sur ces 13 (17 : 19) m.

Rab. en tric. au point de riz.

Reprenez le trav. sur les 13 (17 : 19) m. de l'arrêt de m.

Tric. 1 rg.

Rab. en tric. au point de riz.

Devant gauche

Montez 42 (48 : 54) m. sur les aig. n° 4.
Tric. 5 (7 : 7) rgs au point mousse.
Rg suiv. (env.) : 3 m. end., à l'env. jusqu'à la fin.
Rg suiv. : à l'end.
Rép. ces 2 rgs jusqu'à 11 (15 : 20) cm de haut. tot., en term. par 1 rg sur l'env.

EMPIÈCEMENT

Rg suiv. (env.) : * 1 m. end., 2 m. ens. à l'end., rép. depuis * jusqu'à la fin = 28 (32 : 36) m.
Tric. 5 rgs droits au point mousse.

POINT DE RIZ

1ᵉʳ rg (env.) : 3 m. end., 1 m. env., *1 m. end., 1 m. env., rép. depuis * jusqu'à la fin.
Rg suiv. (end.) : * 1 m. env., 1 m. end., rép. depuis * jusqu'aux 4 dernières m., 1 m. env., 3 m. end.
Rép. les 2 derniers rgs jusqu'à 17 (23 : 29) cm de haut. tot., en term. par 1 rg sur l'env.

ENCOLURE

Rg suiv. : rab. 5 (5 : 7) m., term. le rg = 23 (27 : 29) m.
En cont. au point de riz, dim. 1 m. côté encolure à chaque rg jusqu'à 13 (17 : 19) m. rest.
Tric. sur ces 13 (17 : 19) m. jusqu'à 20 (26 : 32) cm de haut. tot., en term. par 1 rg sur l'env.
Rab. en tric. les m. au point de riz.

Devant droit

Montez 42 (48 : 54) m. sur les aig. n° 4.
Tric. 5 (7 : 7) rgs au point mousse.
Rg suiv. (env.) : à l'env. jusqu'aux 3 dernières m., 3 m. end.
Rg suiv. : à l'end.
Rép. ces 2 rgs jusqu'à 11 (15 : 20) cm de haut. tot., en term. par 1 rg sur l'end.

EMPIÈCEMENT

Rg suiv. (env.) : * 2 m. ens. à l'end., 1 m. end., rép. depuis * jusqu'à la fin = 28 (32 : 36) m.
Rg suiv. : à l'end.
Rg suiv. (rg avec boutonnière) (env.) : à l'end. jusqu'aux 3 dernières m., 1 m. end., 1 jeté, 2 m. ens. à l'end.
Tric. 3 rgs au point mousse.

POINT DE RIZ

1ᵉʳ rg (env.) : * 1 m. env., 1 m. end., rép. depuis * jusqu'aux 4 dernières m., 1 m. env., 3 m. end.
Rg suiv. (end.) : 3 m. end., 1 m. env., * 1 m. end., 1 m. env., rép. depuis * jusqu'à la fin.
Rép. les 2 derniers rgs jusqu'à 14 (19 : 24) cm de haut. tot., en term. par 1 rg sur l'env.
Rg suiv. (rg avec boutonnière) (env.) : tric. jusqu'aux 3 dernières m., 1 m. end., 1 jeté, 2 m. ens. à l'end.
Cont. droit jusqu'à 16,5 (22,5 : 28,5) cm de haut. tot., en term. par 1 rg sur l'end.
Rg suiv. (rg avec boutonnière) (env.) : tric. jusqu'aux 3 dernières m., 1 m. end., 1 jeté, 2 m. ens. à l'end.
Cont. droit jusqu'à 17 (23 : 29) cm de haut. tot., en term. par 1 rg sur l'env.

ENCOLURE

Rg suiv. (end.) : rab. 5 (5 : 7) m., term. le rg = 23 (27 : 29) m.
En cont. au point de riz, dim. 1 m. côté encolure à chaque rg jusqu'à 13 (17 : 19) m.
Tric. sur ces 13 (17 : 19) m. jusqu'à 20 (26 : 32) cm de haut. tot., en term. par 1 rg sur l'end.
Rab. en tric. au point de riz.

Manches (x 2)

Montez 23 (29 : 33) m. A sur les aig. n° 4.
Tric. 4 (6 : 6) rgs au point mousse.
1ᵉʳ rg (env.) : 1 m. end., * 1 m. env., 1 m. end., rép. depuis * jusqu'à la fin.
La répétition du 1ᵉʳ rg forme du point de riz.
Cont. au point de riz en augm. 1 m. à chaque extrémité du rg suiv. puis ts les 4 rgs jusqu'à 37 (43 : 47) m.
2ᵉ et 3ᵉ tailles uniquement :
Cont. au point de riz en augm. 1 m. à chaque extrémité ts les 6 rgs jusqu'à (43 : 47) m.
3ᵉ taille uniquement :
Cont. au point de riz en augm. 1 m. à chaque extrémité ts les 8 rgs jusqu'à (53) m.
Pour toutes les tailles :
Cont. droit au point de riz jusqu'à 12 (15 : 18) cm de haut. tot.
Rab. en tric. au point de riz.

Finitions

Repassez légèrement chaque pièce.
Cousez les épaules à points invisibles.
Pliez les manches en deux. En alignant le milieu du rg d'arrêt sur la couture des épaules, cousez les manches à la partie au point de riz.
Fermez les manches et les côtés.
Rentrez tous les fils.
Cousez les 3 boutons sur l'avant, en vis-à-vis des boutonnières.

Manteau croisé

Inspiré de la mode pour enfants des années 40, cet adorable

manteau fera du pire garnement un charmant enfant sage…

D'allure à la fois classique et moderne, son point

semble tissé, comme si c'était du nid d'abeille.

Un point parfait pour un manteau de printemps ou d'automne,

qui sera réalisé sans peine par celles qui commencent

à maîtriser les bases.

Échantillon

20 mailles x 28 rangs = 10 cm tric. en point fantaisie tissé avec les aig. n° 5.
Mesurez votre échantillon avec soin, et si besoin changez le numéro des aiguilles
(voir page 23).

Mesures

TAILLES	6–12 mois	12–18 mois	18–24 mois	24–36 mois
TOUR DE POITRINE	58 cm	62 cm	66 cm	71 cm
LONGUEUR	32 cm	34 cm	36 cm	38 cm
LONGUEUR DE MANCHES (SOUS LES BRAS)	16 cm	18 cm	20 cm	22 cm

Dos

Montez 61 (65 : 69 : 73) m. A sur les aig. n° 5.

Tric. 8 rgs au point mousse.

POINT FANTAISIE

1er et 2e rgs : 1 m. glissée, à l'end. jusqu'à la fin.

3e rg (end.) : 1 m. glissée, * 1 m. end., 1 m. env., rép. depuis * jusqu'aux 2 dernières m., 2 m. end.

4e rg (env.) : 1 m. glissée, * 1 m. env., 1 m. end., rép. depuis * jusqu'à la fin.

Ces 4 rgs forment le point fantaisie tissé.

Cont. au point fantaisie jusqu'à 20 (21 : 22 : 23) cm de haut. tot., en term. par un 4e rg.

Rg suiv. (1er rg avec dim.) (end.) : 2 m. ens. à l'end., 17 (18 : 20 : 21) m. end., 3 m. ens. à l'end., 17 (19 : 19 : 21) m. end., 3 m. ens. à l'end., 17 (18 : 20 : 21) m. end., 2 m. ens. à l'end. = *55 (59 : 63 : 67) m.*

Rg suiv. (2e rg avec dim.) (env.) : 2 m. ens. à l'end., à l'end. jusqu'aux 2 dernières m., 2 m. ens. à l'end. = *53 (57 : 61 : 65) m.*

Rg suiv. (end.) : 1 m. glissée, * 1 m. end., 1 m. env., rép. depuis * jusqu'aux 2 dernières m., 2 m. end.

Rg suiv. (env.) : 1 m. glissée, * 1 m. env., 1 m. end., rép. depuis * jusqu'à la fin.

EMMANCHURES RAGLAN

Cont. au point fantaisie.

Rab. 5 (5 : 5 : 5) m. au début des 2 rgs suiv. = *43 (47 : 51 : 55) m.*

Rg suiv. (end.) : 1 m. glissée, 1 surjet simple, tric. jusqu'aux 3 dernières m., 2 m. ens. à l'end., 1 m. end. = *41 (45 : 49 : 53) m.*

Rg suiv. (env.) : 1 m. glissée, 1 m. env., tric. jusqu'aux 2 dernières m., 1 m. env., 1 m. end.

Rg suiv. : 1 m. glissée, 1 surjet simple, tric. jusqu'aux 3 dernières m., 2 m. ens. à l'end., 1 m. end. = *39 (43 : 47 : 51) m.*

Fournitures

4 (5 : 6 : 6) pel. de 50 g. de fil 55 % laine
  mérinos, 33 % microfibre, 12 %
  cachemire, 90 m./50 g., col. bleu A
  (Debbie Bliss « Cashemerino Aran »,
  col. 205)
2 aig. n° 5
1 aig. à laine
4 gros boutons

Abréviations

Voir page 39

Rg suiv. : 1 m. glissée, 1 m. env., tric. jusqu'aux 2 dernières m., 1 m. env., 1 m. end.

Cont. à dim. comme ci-dessus sur 4 rgs jusqu'à 13 (15 : 17 : 19) m. rest., en term. par 1 rg sur l'env.

Rab.

Devant gauche

Montez 42 (45 : 48 : 52) m. A sur les aig. n° 5. Tric. 8 rgs au point mousse.

POINT FANTAISIE

1er et 2e rgs : 1 m. glissée, à l'end. jusqu'à la fin.

3e rg (end.) : 1 m. glissée, 1 (0 : 1 : 1) m. env., * 1 m. end., 1 m. env., rép. depuis * jusqu'aux 2 dernières m., 2 m. end.

4e rg (env.) : 1 m. glissée, 2 m. end., * 1 m. env., 1 m. end., rép. depuis * jusqu'à ce qu'il reste 1 (0 : 1 : 1) m., 1 (0 : 1 : 1) m. env.

Ces 4 rgs forment le point fantaisie tissé avec 2 m. au point mousse en bordure du devant. Cont. jusqu'à 20 (21 : 22 : 23) cm de haut. tot., en term. par un 4e rg.

Rg suiv. (1er rg avec dim.) (end.) : 2 m. ens. à l'end., 21 m. end., 3 m. ens. à l'end., à l'end. jusqu'à la fin = *39 (42 : 45 : 49) m.*

Rg suiv. (2e rg avec dim.) (env.) : 1 m. glissée, à l'end. jusqu'aux 2 dernières m., 2 m. ens. = *38 (41 : 44 : 48) m.*

Rg suiv. (end.) : 1 m. glissée, 1 (0 : 1 : 1) m. env., * 1 m. end., 1 m. env., rép. depuis * jusqu'aux 2 dernières m., 2 m. end.

Rg suiv. (env.) : 1 m. glissée, 2 m. end., * 1 m. env., 1 m. end., rép. depuis * jusqu'à ce qu'il reste 1 (0 : 1 : 1) m., 1 (0 : 1 : 1) m. env.

EMMANCHURES RAGLAN

Cont. au point fantaisie avec 2 m. point mousse en bordure.

Rg suiv. (end.) : rab. 5 (5 : 5 : 5) m. à l'end. jusqu'à la fin = *33 (36 : 39 : 43) m.*

Rg suiv. (env.) : 1 m. glissée, à l'end. jusqu'à la fin.

Rg suiv. : 1 m. glissée, 1 surjet simple, term. le rg = *32 (35 : 38 : 42) m.*

Rg suiv. : 1 m. glissée, tric. au point fantaisie jusqu'aux 2 dernières m., 1 m. env., 1 m. end.

Rg suiv. : 1 m. glissée, 1 surjet simple, à l'end. jusqu'à la fin = *31 (34 : 37 : 41) m.*

Rg suiv. : 1 m. glissée, à l'end. jusqu'aux 2 dernières m., 1 m. env., 1 m. end.

Cont. à dim. comme ci-dessus sur 4 rgs jusqu'à 22 (24 : 26 : 30) m. rest., en term. par 1 rg sur l'env.

ENCOLURE

Cont. au point fantaisie avec 2 m. au point mousse en bordure.

Rg suiv. (env.) : rab. 13 (15 : 17 : 19) m., tric. jusqu'aux 2 dernières m., 1 m. env., 1 m. end. = *9 (9 : 9 : 11) m.*

Rg suiv. : 1 m. glissée, 1 surjet simple, tric. jusqu'aux 3 dernières m., 2 m. ens. à l'end., 1 m. end. = *7 (7 : 7 : 9) m.*

Rg suiv. : 1 m. glissée, 2 m. end., tric. jusqu'aux 2 dernières m., 1 m. env., 1 m. end.

Rép. les 2 derniers rgs jusqu'à ce qu'il reste 3 m., en term. par 1 rg sur l'env.

Rg suiv. : 1 m. glissée, 1 surjet simple.

Rg suiv. : 2 m. ens. à l'end.

Arrêtez.

Devant droit

Montez 42 (45 : 48 : 52) m. A sur les aig. n° 5. Tric. 8 rgs au point mousse.

POINT FANTAISIE

1er et 2e rgs : 1 m. glissée, à l'end. jusqu'à la fin.

3e rg (end.) : 1 m. glissée, 1 m. end., *1 m. env., 1 m. end., rép. depuis * jusqu'aux 2 (1 : 2 : 1) dernières m., 1 m. env., 1 (0 : 1 : 1) m. end.

4e rg (env.) : 1 m. glissée, 1 (0 : 1 : 1) m. end., * 1 m. env., 1 m. end., rép. depuis * jusqu'aux 2 dernières m., 2 m. end.

Ces 4 rgs forment le point fantaisie tissé avec 2 m. au point mousse en bordure du devant. Cont. ainsi jusqu'à 20 (21 : 22 : 23) cm de haut. tot., en term. par un 4e rg.

Rg suiv. (1er rg avec dim.) (end.) : 16 (19 : 22 : 26) m. end., 3 m. ens. à l'end., 21 m. end., 2 m. ens. à l'end. = *39 (42 : 45 : 49) m.*

Rg suiv. (2e rg avec dim.) (env.) : 2 m. ens. à l'end., à l'end. jusqu'à la fin = *38 (41 : 44 : 48) m.*

Rg suiv. (end.) : 1 m. glissée, 1 m. end., * 1 m. env., 1 m. end., rép. depuis * jusqu'aux 2 (1 : 2 : 1) dernières m., 1 m. env., 1 (0 : 1 : 1) m. end.

Rg suiv. (env.) : 1 m. glissée, 1 (0 : 1 : 1) m. end., * 1 m. env., 1 m. end., rép. depuis * jusqu'aux 2 dernières m., 2 m. end.

EMMANCHURES RAGLAN

Cont. au point fantaisie avec 2 m. point mousse en bordure.

Rg suiv. (end.) : 1 m. glissée, à l'end. jusqu'à la fin.

Rg suiv. (env.) : rab. 5 (5 : 5 : 5) m., à l'end. jusqu'à la fin = *33 (36 : 39 : 43) m.*

Rg suiv. : 1 m. glissée, tric. jusqu'aux
3 dernières m., 2 m. ens. à l'end., 1 m. end.
= 32 (35 : 38 : 42) m.
Rg suiv. : 1 m. glissée, 1 m. env., term. le rg.
Rg suiv. : 1 m. glissée, 2 m. end., à l'end.
jusqu'aux 3 dernières m., 2 m. ens. à l'end.,
1 m. end. = 31 (34 : 37 : 41) m.
Rg suiv. : 1 m. glissée, 1 m. env., à l'end.
jusqu'à la fin.
Rg suiv. : 1 m. glissée, en côtes jusqu'aux
3 dernières m., 2 m. ens. à l'end., 1 m. end.
= 30 (33 : 36 : 40) m.
Rg suiv. : 1 m. glissée, 1 m. env., term. le rg.
Rg suiv. (1er rg de boutonnière) (end.) :
3 (3 : 4 : 4) m. end., rab. 4 m., 2 (3 : 4 : 5) m.
end., [3 (4 : 5 : 6) m. sur l'aig. droite après
avoir rab.], rab. 4 m., à l'end. jusqu'aux
3 dernières m., 2 m. ens. à l'end., 1 m. end.
= 29 (32 : 35 : 39) m.
Rg suiv. (2e rg de boutonnière) (env.) :
1 m. glissée, 1 m. env., tric. jusqu'à la
boutonnière, montez 4 m., tric. jusqu'à la
boutonnière suiv., montez 4 m., term. le rg.
Tout en cont. le point et les dim.
d'emmanchures, tric. encore 6 (6 : 10 : 10) rgs
= 26 (29 : 30 : 34) m.
Rép. les 2 rgs de boutonnière encore 1 fs
= 25 (28 : 29 : 33) m.
Cont. le point fantaisie avec 2 m. au point
mousse en bordure et les dim. comme
ci-dessus jusqu'à 23 (25 : 27 : 31) m. rest.,
en term. par 1 rg sur l'env.

ENCOLURE
Cont. au point fantaisie avec 2 m. au point
mousse en bordure.
Rg suiv. (end.) : rab. 13 (15 : 17 : 19) m., tric.
jusqu'aux 3 dernières m., 2 m. ens.
à l'end., 1 m. end. = 9 (9 : 9 : 11) m.

Rg suiv. : 1 m. glissée, 1 m. env., term. le rg.
Rg suiv. : 1 m. glissée, 2 m. ens. à l'end., tric.
jusqu'aux 3 dernières m., 2 m. ens. à l'end.,
1 m. end. = 7 (7 : 7 : 9) m.
Rg suiv. : 1 m. glissée, 1 m. env., term. le rg.
Rép. les 2 derniers rgs jusqu'à 3 m. rest.,
en term. par 1 rg sur l'env.
Rg suiv. : 2 m. ens. à l'end., 1 m. end.
Rg suiv. : 2 m. ens. à l'end.
Arrêtez.

Manches (x 2)
Montez 23 (25 : 27 : 31) m. A sur les aig. n° 5.
Tric. 6 rgs au point mousse.

POINT FANTAISIE TISSÉ
1er et 2e rgs : 1 m. glissée, à l'end. jusqu'à
la fin.
3e rg (end.) : 1 m. glissée, * 1 m. end., 1 m.
env., rép. depuis * jusqu'aux 2 dernières m.,
2 m. end.
4e rg (env.) : 1 m. glissée, * 1 m. env., 1 m.
end., rép. depuis * jusqu'à la fin.
Ces 4 rgs forment le point fantaisie tissé.
Tout en cont. ce point, augm. 1 m. à chaque
extrémité du rg suiv. puis ts les 4 (4 :
6 : 6) rgs jusqu'à 39 (41 : 43 : 47) m.
Cont. droit jusqu'à 16 (18 : 20 : 22) cm de
haut. tot. (ou jusqu'à la longueur voulue),
en term. par un 4e rg.

EMMANCHURES RAGLAN
Cont. au point fantaisie.
Rab. 5 (5 : 5 : 5) m. au début des 2 rgs suiv.
= 29 (31 : 33 : 37) m.
Rg suiv. (end.) : 1 m. glissée, 1 surjet simple,
tric. jusqu'aux 3 dernières m., 2 m. ens. à
l'end., 1 m. end. = 27 (29 : 31 : 25) m.
Rg suiv. (end.) : 1 m. glissée, 1 m. env., tric.

jusqu'aux 2 dernières m., 1 m. env., 1 m. end.
Rg suiv. : 1 m. glissée, à l'end. jusqu'à la fin.
Rg suiv. : 1 m. glissée, 1 m. env., à l'end.
jusqu'aux 2 dernières m., 1 m. env., 1 m. end.
Rép. les 4 derniers rgs encore 2 (2 : 2 : 1) fs
= 23 (25 : 27 : 33) m.
Rg suiv. (end.) : 1 m. glissée, 1 surjet simple,
tric. jusqu'aux 3 dernières m., 2 m. ens.
à l'end., 1 m. end. = 21 (23 : 25 : 31) m.
Rg suiv. (env.) : 1 m. glissée, 1 m. env., tric.
jusqu'aux 2 dernières m., 1 m. env., 1 m. end.
Rg suiv. : 1 m. glissée, 1 surjet simple, tric.
jusqu'aux 3 dernières m., 2 m. ens. à l'end.,
1 m. end.
Rg suiv. : 1 m. glissée, 1 m. env., à l'end.
jusqu'aux 2 dernières m., 1 m. env., 1 m. end.
Rép. ces 4 rgs jusqu'à 5 m. rest. Rab.

Col
Cousez les emmanchures à points invisibles
en vous assurant que les diminutions soient
visibles pour bien montrer les finitions.
En trav. sur l'end. avec les aig. n° 5, relevez
6 (6 : 6 : 8) m. sur la pente de l'encolure
du devant droit, 4 (4 : 4 : 4) m. sur le haut
de la manche droite, 15 (17 : 19 : 21) m.
sur le haut du dos, 4 (4 : 4 : 4) m. sur le haut
de la manche gauche, et 6 (6 : 6 : 8) m.
sur la pente de l'encolure du devant gauche
= 35 (37 : 39 : 45) m.
Tric. 16 (16 : 18 : 20) rgs au point mousse.
Rab. (sur l'env.).
Repassez légèrement le col pour le retourner.

Finitions
Cousez les manches et les côtés. Rentrez
tous les fils. Cousez les boutons sur le devant
gauche, en vis-à-vis des boutonnières.
Les devants se croisent sur la largeur des m.
rab. en haut des devants.

Jouets et accessoires

Couverture en patchwork

Quelques carrés au point mousse, et vous voici avec une ravissante couverture ! Tricotez quelques carrés lors de vos pérégrinations, sans avoir à transporter une montagne de fils, et au gré de vos envies afin de ne pas tomber dans la monotonie. N'hésitez pas à changer les couleurs pour l'harmoniser à la chambre de l'enfant à qui elle est destinée, et à multiplier les couleurs pour un esprit hippie chic plus prononcé.

Fournitures

5 pel. de 50 g. de fil 55 % laine mérinos, 33 % microfibre, 12 % cachemire, 65 m./50 g., col. bleu gris A (Debbie Bliss « Cashemerino Chunky », col. 11)

2 pel. de 50 g. de fil 55 % laine mérinos, 33 % microfibre, 12 % cachemire, 65 m./50 g., col. crème B (Debbie Bliss « Cashemerino Chunky », col. 02)

2 pel. de 50 g. de fil 55 % laine mérinos, 33 % microfibre, 12 % cachemire, 65 m./50 g., col. rouge brique C (Debbie Bliss « Cashemerino Chunky », col. 17)

2 pel. de 50 g. de fil 55 % laine mérinos, 33 % microfibre, 12 % cachemire, 65 m./50 g., col. turquoise D (Debbie Bliss « Cashemerino Chunky », col. 10)

2 pel. de 50 g. de fil 55 % laine mérinos, 33 % microfibre, 12 % cachemire, 65 m./50 g., col. vert anis E (Debbie Bliss « Cashemerino Chunky », col. 12)

2 aig. n° 7

1 aig. à laine

Abréviations

Voir page 39

Voici un projet qui vous permettra de vous exercer aux finitions, puisqu'il demande de nombreuses coutures. Si vous trouvez que vos finitions ne sont pas encore suffisamment au point, vous pouvez réunir les carrés au point de gribiche ou avec un autre point fantaisie visible, en utilisant un fil contrasté, de manière à créer une couture décorative plutôt que d'essayer de la cacher.

Échantillon

14 mailles x 25 rangs = 10 cm tric. au point mousse avec les aig. n° 7.

Mesurez votre échantillon avec soin, et si besoin changez le numéro des aiguilles (voir page 23).

Mesures

CARRÉS	12 x 12 cm
RECTANGLES DE LA BORDURE	70 x 10 cm
COUVERTURE FINIE	80 x 80 cm

Réalisation

CARRÉ AU POINT DE MOUSSE (x 5)

Réalisez 5 carrés de chaque couleur A, B, C, D et E, soit un total de 25 carrés.

Pour cela, montez 17 m. sur les aig. n° 7.

Tric. 30 rgs au point mousse (chaque rg à l'end.).

Rab.

BORDURES AU POINT DE MOUSSE (x 4)

Montez 14 m. A sur les aig. n° 7.

Tric. au point mousse jusqu'à 70 cm de haut. tot.

Rab.

Finitions

Repassez légèrement chaque carré en l'étirant sur 12 x 12 cm.

Assemblez les 25 carrés en un grand carré de 5 rangs x 5 colonnes, en alternant le sens du tricot, pour que les côtes du point mousse soient une fois à l'horizontale, une fois à la verticale, de manière à ce qu'un rang d'arrêt ou un rang de montage soit cousu à une lisière, ce qui donne une meilleure tenue, permet de mieux contrôler la dimension des carrés et évite qu'ils ne se déforment.

Cousez les 4 bordures A autour de la couverture en patchwork (voir schéma de montage page 107).

Rentrez tous les fils.

Couverture de baptême

Voici une version plus délicate de la couverture en patchwork

page 100, qui fera un magnifique châle de baptême

ou un cadeau charmant pour un nouveau-né.

Elle est composée de petits carrés tricotés au point de riz

et au point dentelle, assemblés en un grand patchwork.

N'hésitez pas à modifier les points des carrés ou les fils,

pour un rendu à chaque fois différent. Mais n'oubliez surtout

pas de faire un échantillon avant, afin d'avoir des blocs

de même taille.

Cette couverture est réalisée exactement de la même façon que la couverture en patchwork page 100, mais en utilisant des points différents.

Échantillon

21 mailles x 30 rangs = 10 cm tric. au point de riz avec les aig. n° 5 et le fil A.
14 mailles x 27 rangs = 10 cm tric. au point dentelle avec les aig. n° 6,5 et le fil B.
Mesurez votre échantillon avec soin, et si besoin changez le numéro des aiguilles (voir page 23).

Mesures

CARRÉS	12 x 12 cm
RECTANGLE DE BORDURE	70 x 10 cm
COUVERTURE FINIE	80 x 80 cm

Réalisation

CARRÉS AU POINT DE RIZ (x 13)

Montez 25 m. A sur les aig. n° 5.

1er au 35e rg : 1 m. end., * 1 m. env., 1 m. end., rép. depuis * jusqu'à la fin.

Rab.

CARRÉS AU POINT DENTELLE (x 12)

Montez 17 m. B sur les aig. n° 6,5.

1er au 4e rg : à l'end.

5e rg : 1 m. end., * 1 jeté, 2 m. ens. à l'end., rép. depuis * jusqu'à la fin.

6e au 8e rg : à l'end.

9e rg : 2 m. end., * 1 jeté, 2 m. ens. à l'end., rép. depuis * jusqu'à la dernière m., 1 m. end.

10e au 12e rg : à l'end.

Rép. 2 autres fs du 5e au 12e rg.

29e rg : rép. le 5e rg.

30e au 33e rg : à l'end.

Rab.

Fournitures

7 pel. de 50 g. de fil 55 % laine mérinos, 33 % microfibre, 12 % cachemire, 90 m./50 g., col. blanc A (Debbie Bliss « Cashemerino Aran », col. 001)

4 pel. de 50 g. de fil 55 % laine mérinos, 33 % microfibre, 12 % cachemire, 65 m./50 g., col. blanc B (Debbie Bliss « Cashemerino Chunky », col. 002)

2 aig. n° 5
2 aig. n° 6,5
1 aig. à laine

Abréviations

Voir page 39

BORDURES AU POINT DE RIZ (x 4)

Montez 21 m. A sur les aig. n° 5.

1er rg : 1 m. end., * 1 m. env., 1 m. end.,
rép. depuis * jusqu'à la fin.

Rép. ce rg jusqu'à 70 cm de haut. tot.

Rab. en tric. les m. au point de riz.

Finitions

Repassez légèrement chaque carré
en l'étirant sur 12 x 12 cm.

Assemblez les 25 carrés en un grand carré
de 5 rangs x 5 colonnes, en alternant les
carrés au point de riz et ceux au point
dentelle (voir schéma de montage
ci-contre).

Cousez les 4 bordures A autour de la
couverture en patchwork (voir schéma
de montage ci-contre).

Rentrez tous les fils.

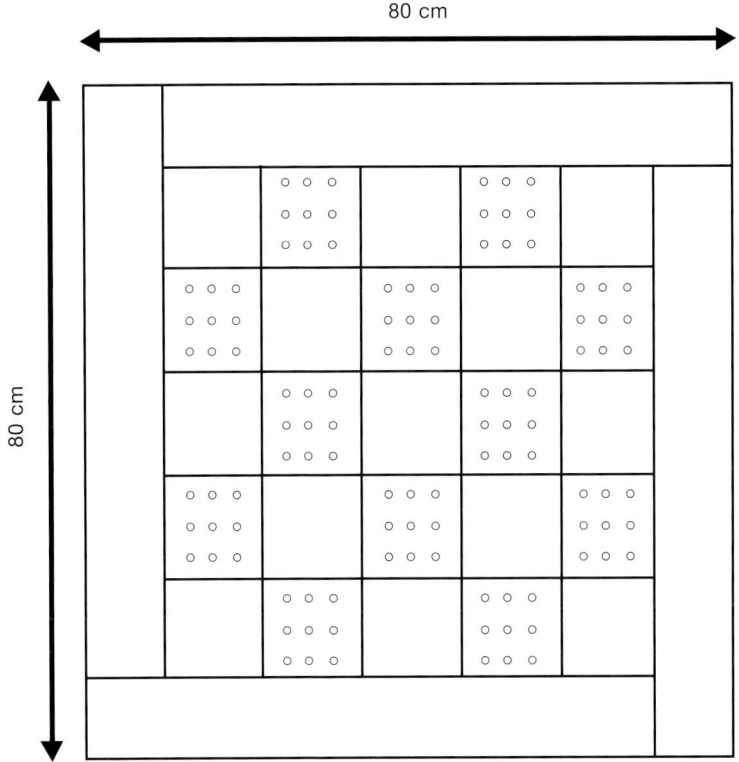

Jeu de cubes

Attention, badaboum ! Cet amusant assemblage de blocs colorés sera un jouet à la fois éducatif et amusant pour un jeune enfant qui n'aura qu'un plaisir : les faire tomber…
Ces cubes sont tellement rapides à tricoter que vous n'hésiterez pas à en réaliser le plus possible. Avec seulement une pelote de 6 fils de couleurs différentes, vous réaliserez 5 cubes multicolores ; aussi, comptez une pelote supplémentaire de chaque couleur pour faire 5 cubes de plus.

Chaque cube est réalisé à plat en forme de croix, avant d'être plié pour coudre les bords des 6 faces du cube bords à bords, pour obtenir une forme en 3 dimensions.
Les explications sont données pour un seul cube. Réalisez 5 cubes identiques.

Échantillon

17 mailles x 22 rangs = 10 cm tric. en jersey end. avec les aig. n° 5,5.
Mesurez votre échantillon avec soin, et si besoin changez le numéro des aiguilles (voir page 23).

Mesures

CUBE   10 x 10 x 10 cm

Réalisation

Utilisez une couleur différente pour les 6 faces carrées de chaque cube. Lorsque vous changez de couleur, laissez pendre environ 20 cm de fil pour faire la couture.

PIÈCE CENTRALE (4 blocs verticaux)
Montez 17 m. A sur les aig. n° 5,5.
Tric. 22 rgs de jersey end., en comm. par 1 rg end.
Coupez A.
Tric. 22 rgs de jersey end. B, en comm. par 1 rg end.
Coupez B.
Tric. 22 rgs de jersey end. C, en comm. par 1 rg end.
Coupez C.
Tric. 22 rgs de jersey end. D, en comm. par 1 rg end.
Rab.

CÔTÉS
Montez 17 m. E sur les aig. n° 5,5.
Tric. 22 rgs de jersey end., en comm. par 1 rg end.
Rab.
Montez 17 m. F sur les aig. n° 5,5.
Tric. 22 rgs de jersey end., en comm. par 1 rg end.
Rab.

Fournitures

Cubes en mousse de 10 cm de côté, ou bourrage synthétique
1 pel. de 50 g. de fil 100 % coton, 70 m./50 g., col. rose pâle A (GGH « Big Easy », col. 13)
1 pel. de 50 g. de fil 100 % coton, 70 m./50 g., col. rose clair B (GGH « Big Easy », col. 16)
1 pel. de 50 g. de fil 100 % coton, 70 m./50 g., col. bleu ciel C (GGH « Big Easy », col. 19)
1 pel. de 50 g. de fil 100 % coton, 70 m./50 g., col. bleu jeans D (GGH « Big Easy », col. 22)
1 pel. de 50 g. de fil 100 % coton, 70 m./50 g., col. gris pâle E (GGH « Big Easy », col. 24)
1 pel. de 50 g. de fil 100 % coton, 70 m./50 g., col. vert anis F (GGH « Big Easy », col. 25)
2 aig. n° 5,5
1 aig. à laine

Abréviations

Voir page 39

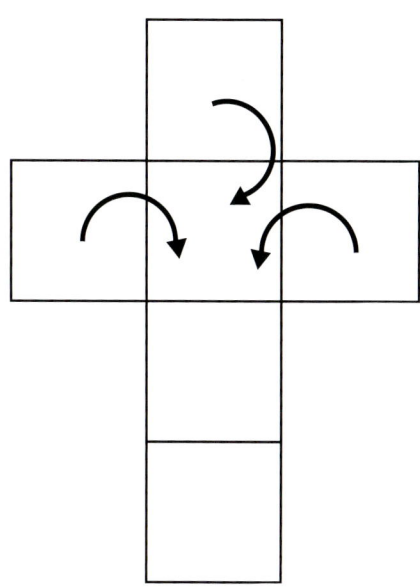

Finitions

Repassez légèrement chaque pièce pour la mettre en forme.

Cousez les deux carrés E et F de chaque côté du carré B de la pièce centrale (voir schéma ci-dessus), en utilisant les morceaux de fil qui pendent pour faire les coutures.

Pliez les blocs aux changements de couleurs, en repassant les pliures pour mettre plus facilement le cube en forme.

Pliez les trois carrés supérieurs vers le haut, endroit à l'extérieur, et cousez ensemble les bords qui se touchent à petits points invisibles.

Pliez les deux carrés inférieurs et faites toutes les coutures, sauf une, à petits points invisibles. Glissez un cube de mousse (ou suffisamment de bourrage pour former un cube ferme) au centre du tricot par l'ouverture, puis faites la dernière couture.

Jeu de cubes 111

Mobile aux oiseaux

Rien de tel qu'un joli mobile pour éveiller la curiosité

d'un bébé et le tenir au calme dans son lit…

Celui-ci vous permettra en plus d'utiliser tous vos restes de fils.

Idéal pour allier l'utile à l'agréable !

Plus les oiseaux auront des formes et des tailles différentes,

plus votre mobile aura de charme : alors n'hésitez pas à varier

les tailles et les couleurs, en respectant toujours les indications

données sur les bandes de pelotes.

Fournitures

1 pel. de 50 g. de fil 55 % laine mérinos, 33 % microfibre, 12 % cachemire, 90 m./50 g., col. rose A (Debbie Bliss « Cashmerino Aran », col. 602)

1 pel. de 50 g. de fil 55 % laine mérinos, 33 % microfibre, 12 % cachemire, 65 m./50 g., col. turquoise B (Debbie Bliss « Cashemerino Chunky », col. 10)

1 pel. de 50 g. de fil 55 % laine mérinos, 35 % microfibre, 10 % cachemire, 105 m./50 g., col. bleu ciel C (Louisa Harding « Kashmir DK », col. 02)

1 pel. de 50 g. de fil 55 % laine mérinos, 35 % microfibre, 10 % cachemire, 105 m./50 g., col. rose pâle D (Louisa Harding « Kashmir DK », col. 03)

1 pel. de 50 g. de fil 55 % laine mérinos, 35 % microfibre, 10 % cachemire, 105 m./50 g., col. jaune E (Louisa Harding « Kashmir DK », col. 05)

2 aig. n° 4, n° 5 et n° 6,5

1 crochet de petite taille

1 arrêt de m.

1 aig. à laine

2 morceaux de contreplaqué de 2 x 30 cm

Molleton synthétique

1 clou

Abréviations

Voir page 39

Les explications sont données pour un seul oiseau. Réalisez 4 oiseaux de couleurs différentes pour confectionner le mobile. Utilisez les aig. n° 5 pour le fil A, les aig. n° 6,5 pour le fil B, et les aig. n° 4 pour les fils C, D et E.

Mesures

DE LA POINTE DE LA QUEUE À CELLE DU BEC   15 cm environ

Face 1 du corps

** Montez 10 m. A, D, C ou B sur les aig. indiquées en introduction (à adapter en fonction du fil).

1er rg (env.) : à l'env.

2e rg : 1 augm. dans la 1ère m., 7 m. end., 1 augm. dans la m. suiv., 1 m. end. = *12 m.*

Cont. en jersey end., en augm. 2 m. à la fin des 6 rgs suiv. = *24 m.*

Rg suiv. : à l'env.

Rg suiv. : 1 augm. dans la 1ère m., à l'end. jusqu'aux 2 dernières m., 1 augm. dans la m. suiv., 1 m. end. = *26 m.*

Rg suiv. : à l'env.

Rép. les 2 derniers rgs 2 autres fs = *30 m.*

Cont. droit en jersey end. pendant 4 cm, en term. par 1 rg sur l'end. **

TÊTE ET QUEUE

Rg suiv. (env.) : 14 m. env. et laissez ces m. sur un arrêt de m. pour la tête, rab. 6 m., 9 m. env. = *10 m. sur l'aig. droite.*

Trav. sur les 10 dernières m. pour la queue :

Rg suiv. : 2 m. ens. à l'end., à l'end. jusqu'aux 2 dernières m., 2 m. ens. à l'end. = *8 m.*

Tric. 3 rgs en jersey end.

Rg suiv. : 2 m. ens. à l'end., à l'end. jusqu'aux 2 dernières m., 2 m. ens. à l'end. = *6 m.*

Tric. 3 rgs en jersey end.

Rg suiv. : 2 m. ens. à l'end., à l'end. jusqu'aux 2 dernières m., 2 m. ens. à l'end. = *4 m.*

Tric. 1 rg env.

Rg suiv. : [2 m. ens. à l'end.] 2 fs = *2 m.* Rab.

TÊTE

En trav. sur l'end., reprenez les 14 m. de l'arrêt de m.

Rg suiv. (end.) : à l'end.

Rg suiv. : à l'env.

Rg suiv. : 2 m. ens. à l'end., à l'end. jusqu'aux 2 dernières m., 2 m. ens. à l'end. = *12 m.*

Tric. 5 rgs en jersey end.

Rg suiv. : 2 m. ens. à l'end., à l'end. jusqu'aux 2 dernières m., 2 m. ens. à l'end. = *10 m.*

Tric. 3 rgs en jersey end.

Rg suiv. : 2 m. ens. à l'end., à l'end. jusqu'aux 2 dernières m., 2 m. ens. à l'end. = *8 m.*

Rg suiv. : à l'env.

Rg suiv. : 2 m. ens. à l'end., à l'end. jusqu'aux 2 dernières m., 2 m. ens. à l'end. = *6 m.*

Rab.

Face 2 du corps

Trav. comme pour la face 1 de ** à **.

TÊTE ET QUEUE

Rg suiv. : 10 m. env. et laissez ces m. sur un arrêt de m. pour la queue, rab. 6 m., 13 m. env. = *14 m. sur l'aig. droite.*

Trav. sur ces 14 m. pour la tête :

Rg suiv. : à l'end.

Rg suiv. : à l'env.

Rg suiv. : 2 m. ens. à l'end., à l'end. jusqu'aux 2 dernières m., 2 m. ens. à l'end. = *12 m.*

Tric. 5 rgs en jersey end.

Rg suiv. : 2 m. ens. à l'end., à l'end. jusqu'aux 2 dernières m., 2 m. ens. à l'end. = *10 m.*

114 Jouets et accessoires

Tric. 3 rgs en jersey end.

Rg suiv. : 2 m. ens. à l'end., à l'end. jusqu'aux 2 dernières m., 2 m. ens. à l'end. = *8 m.*

Rg suiv. : à l'env.

Rg suiv. : 2 m. ens. à l'end., à l'end. jusqu'aux 2 dernières m., 2 m. ens. à l'end. = *6 m.* Rab.

QUEUE

En trav. sur l'end., reprenez les 10 m. de l'arrêt de m.

Rg suiv. : 2 m. ens. à l'end., à l'end. jusqu'aux 2 dernières m., 2 m. ens. à l'end. = *8 m.*

Tric. 3 rgs en jersey end.

Rg suiv. : 2 m. ens. à l'end., à l'end. jusqu'aux 2 dernières m., 2 m. ens. à l'end. = *6 m.*

Tric. 3 rgs en jersey end.

Rg suiv. : 2 m. ens. à l'end., à l'end. jusqu'aux 2 dernières m., 2 m. ens. à l'end. = *4 m.*

Tric. 1 rg env.

Rg suiv. : [2 m. ens. à l'end.] 2 fs = *2 m.* Rab.

Ailes (x 2)

Montez 4 m. B, C, A ou D sur les aig. indiquées en introduction (à adapter en fonction du fil).

1er rg : à l'end.

2e rg : 1 augm. dans la 1ère m., à l'end. jusqu'aux 2 dernières m., 1 augm. dans la m. suiv., 1 m. end. = *6 m.*

Rép. les 2 derniers rgs encore 1 fs = *8 m.*

Tric. 2 rgs au point mousse.

Rg suiv. : 1 augm. dans la 1ère m., à l'end. jusqu'aux 2 dernières m., 1 augm. dans la m. suiv., 1 m. end. = *10 m.*

Rép. les 3 derniers rgs 2 autres fs = *14 m.*

Tric. 4 rgs au point mousse.

Rg suiv. : 2 m. ens. à l'end., à l'end. jusqu'aux 2 dernières m., 2 m. ens. à l'end. = *12 m.*

Tric. 1 rg end.

Rg suiv. : 2 m. ens. à l'end., à l'end. jusqu'aux 2 dernières m., 2 m. ens. à l'end. = *10 m.*

Tric. 1 rg end. Rab.

Ventre

Montez 4 m. D, A, C ou B sur les aig. indiquées en introduction (à adapter en fonction du fil).

1er rg : à l'end.

2e rg : 1 augm. dans la 1ère m., à l'end. jusqu'aux 2 dernières m., 1 augm. dans la m. suiv., 1 m. end. = *6 m.*

3e rg : à l'end.

Rép. les 2 derniers rgs encore 1 fs = *8 m.*

Rg suiv. : 1 augm. dans la 1ère m., à l'end. jusqu'aux 2 dernières m., 1 augm. dans la m. suiv., 1 m. end. = *10 m.*

Tric. 4 rgs au point mousse.

Rg suiv. : 2 m. ens. à l'end., à l'end. jusqu'aux 2 dernières m., 2 m. ens. à l'end. = *8 m.*

Tric. 2 rgs au point mousse.

Rg suiv. : 2 m. ens. à l'end., à l'end. jusqu'aux 2 dernières m., 2 m. ens. à l'end. = *6 m.*

Tric. 1 rg end.

Rép. les 2 derniers rgs encore 1 fs = *4 m.* Rab.

Bec

Montez 8 m E sur les aig. indiquées en introduction (à adapter en fonction du fil).

1er rg : à l'end.

2e rg : 2 m. ens. à l'end., à l'end. jusqu'aux 2 dernières m., 2 m. ens. à l'end. = *6 m.*

Rép. les 2 derniers rgs 2 autres fs = *2 m.* Rab.

Finitions de l'oiseau

Repassez légèrement chaque pièce de l'oiseau. Rentrez tous les fils. Assemblez les deux faces du corps, envers contre envers, à points invisibles, en commençant en bas, en tournant tout autour et en laissant une ouverture. Emplissez le corps de molleton et fermez l'ouverture à petits points.

Cousez les ailes, le bec et le ventre sur le corps, brodez deux ronds B ou D pour les yeux, et brodez des traits horizontaux B ou D à l'arrière de la queue pour les plumes.

Habillage du support de mobile (x 2)

Montez 43 m. B sur les aig. n° 6,5.

1er rg : 1 m. end., * 1 m. env., 1 m. end., rép. depuis * jusqu'à la fin.

La répétition du 1er rg forme du point de riz. Cont. au point de riz jusqu'à ce que le tricot soit assez long pour faire le tour des morceaux de contreplaqué de 2 x 30 cm. Rab.

Enroulez les bandes de tricot B autour des deux morceaux de contreplaqué, et cousez-les en place.

Finitions du mobile

Confectionnez une chaînette E avec le crochet, ou tressez deux ou trois fils E. Attachez ce lien au milieu du dos des quatre oiseaux, pour qu'ils pendent bien droit sans piquer vers l'avant ou l'arrière. Posez les deux supports l'un sur l'autre, à angle droit, pour faire une croix. Plantez un clou au milieu pour les fixer ensemble. Enroulez un fil autour du croisement pour le bloquer et faire en sorte qu'il y ait le moins de jeu possible.

Cousez ou enroulez l'extrémité libre des liens aux extrémités du support en croix. Crochetez ou tressez un lien B de 20 cm de long. Faites une boucle et attachez-la sur le dessus du support en croix, pour pouvoir suspendre le mobile au plafond.

Bavoir

Pourquoi ne pas tricoter un bavoir,

souple et doux autour du cou de bébé ?

Voici donc un cadeau original, facile

et rapide à tricoter. En coton bien solide et lavable

en machine, ce bavoir se rit des bavures et éclaboussures

de bébé, qui l'adoptera en un clin d'œil.

Fournitures

1 pel. de 50 g. de fil 85 % coton, 15 % cachemire, 95 m./50g., col. vert A (Debbie Bliss « Cotton Cashmere », col. 26)

1 pel. de 50 g. de fil 85 % coton, 15 % cachemire, 95 m./50g., col. bleu gris B (Debbie Bliss « Cotton Cashmere », col. 32)

1 pel. de 50 g. de fil 85 % coton, 15 % cachemire, 95 m./50g., col. vieux rose C (Debbie Bliss « Cotton Cashmere », col. 07)

2 aig. n° 3,5

1 aig. à laine

5 cm d'auto-agrippant

Abréviations

Voir page 39

Échantillon

22 mailles x 30 rangs = 10 cm tric. en jersey end. avec les aig. n° 3,5.

Mesurez votre échantillon avec soin, et si besoin changez le numéro des aiguilles (voir page 23).

Mesures

HAUTEUR   32 cm
LARGEUR   22 cm

Réalisation

Montez 41 m. A sur les aig. n° 3,5.

1er rg (end.) : 1 m. end., * 1 m. env., 1 m. end., rép. depuis * jusqu'à la fin.

2e rg : 1 augm. dans la 1ère m., 1 m. env., * 1 m. end., 1 m. env., rép. depuis * jusqu'aux 2 dernières m., 1 augm. dans la m. suiv., 1 m. end. = 43 m.

3e rg : 1 m. env., * 1 m. end., 1 m. env., rép. depuis * jusqu'à la fin.

4e rg : 1 augm. dans la 1ère m., 1 m. end., * 1 m. env., 1 m. end., rép. depuis * jusqu'aux 2 dernières m., 1 augm. dans la m. suiv., 1 m. env. = 45 m. Coupez le fil A.

5e rg : avec B, 1 m. end., 1 m. env., 1 m. end., 1 m. env., à l'end. jusqu'aux 4 dernières m., 1 m. env., 1 m. end., 1 m. env., 1 m. end.

6e rg : 1 augm. dans la 1ère m., 1 m. env., 1 m. end., à l'env. jusqu'aux 3 dernières m., 1 m. end., 1 augm. dans la m. suiv., 1 m. end. = 47 m.

7e rg : 1 m. env., 1 m. end., 1 m. env., à l'end. jusqu'aux 3 dernières m., 1 m. env., 1 m. end., 1 m. env.

8e rg : 1 augm. dans la 1ère m., 1 m. end., 1 m. env., 1 m. end., à l'env. jusqu'aux 4 dernières m., 1 m. end., 1 m. env., 1 augm. dans la m. suiv., 1 m. env. = 49 m. Coupez le fil B.

** 9e rg : avec C, 1 m. end., 1 m. env., 1 m. end., 1 m. env., à l'end. jusqu'aux 4 dernières m., 1 m. env., 1 m. end., 1 m. env., 1 m. end.

10e rg : 1 m. env., 1 m. end., à l'env. jusqu'aux 3 dernières m., 1 m. end., 1 m. env., 1 m. end. Coupez le fil C.

11e et 12e rgs : avec A, rép. les 9e et 10e rgs. Coupez le fil A.

13e au 16e rg : avec B, rép. 2 fs les 9e et 10e rgs. Coupez le fil B. **

Rép. les rayures de ** à ** jusqu'à ce que le bavoir mesure environ 20 cm de haut. tot., en term. par 2 rgs C.

ENCOLURE

Tout en cont. les rayures et le point de riz :

1er rg (end.) : 4 m. au point de riz, 9 m. end., 23 m. au point de riz, 9 m. end., 4 m. au point de riz = 49 m.

2e rg : 4 m. au point de riz, 8 m. env., 25 m. au point de riz, 8 m. end., 4 m. au point de riz.

3^e rg : 4 m. au point de riz, 7 m. end., 27 m. au point de riz, 7 m. end., 4 m. au point de riz.

4e rg : 4 m. au point de riz, 7 m. env., 4 m. au point de riz, laissez ces 15 m. en attente sur un arrêt de m., rab. 19 m., 3 m. au point de riz, 7 m. env., 4 m. au point de riz = 15 m. sur l'aig. droite.

Trav. sur ces 15 m. pour le côté gauche de l'encolure.

5e rg (end.) : 4 m. au point de riz, 7 m. end., 4 m. au point de riz.

6e rg (rg avec dim.) : 2 m. ens. à l'end., 3 m. au point de riz, 6 m. end., 4 m. au point de riz = 14 m.

7e rg : 4 m. au point de riz, 6 m. end., 4 m. au point de riz.

En cont. les rayures et le jersey end. avec des bordures de 4 m. au point de riz, dim. 1 m. côté encolure au rg suiv. puis après 2 rgs = 12 m. Tric. droit encore 3 rgs au point de riz, en term. par 1 rg sur l'env.

CÔTÉ GAUCHE DE L'ENCOLURE DOS

Cont. les rayures avec 4 m. au point de riz en bordures.

Rg suiv. (end.) : 1 augm. dans la 1ère m., 3 m. au point de riz, 4 m. end., 4 m. au point de riz = 13 m.

Rg suiv. : 4 m. au point de riz, 5 m. env., 4 m. au point de riz.

Tout en cont. les rayures avec 4 m. au point de riz en bordures, augm. 1 m. côté encolure au rg suiv. puis après 2 rgs = 15 m.

Rg suiv. : 4 m. au point de riz, 7 m. env., 4 m. au point de riz.

Rg suiv. : 4 m. au point de riz, 7 m. end., 4 m. au point de riz, montez 22 m. = 37 m.

Rg suiv. : 1 m. env., * 1 m. end., 1 m. env., rép. depuis * jusqu'aux 11 dernières m., 7 m. env., 4 m. au point de riz.

Rg suiv. : 4 m. au point de riz, 7 m. env., term. le rg au point de riz.

Rép. les 2 derniers rgs encore 1 fs.

Rg suiv. : 4 m. au point de riz, à l'env. jusqu'aux 4 dernières m., 4 m. au point de riz.

Rg suiv. : 4 m. au point de riz, à l'end. jusqu'aux 4 dernières m., 4 m. au point de riz.

En cont. les rayures avec 4 m. au point de riz en bordures, rép. les 2 derniers rgs jusqu'à 31 cm de haut. tot., en term. par 4 rgs B. Coupez le fil B.

Rg suiv. : avec A, 1 m. end., * 1 m. env., 1 m. end., rép. depuis * jusqu'à la fin.

Rép. le dernier rg 3 fs. Rab. en tric. au point de riz.

CÔTÉ DROIT DE L'ENCOLURE

Poursuivez les rayures dans la continuité avec 4 m. au point de riz en bordures. Reprenez le trav. sur les m. du côté droit. Tric. comme pour le côté gauche de l'encolure devant et de l'encolure dos, en inversant les explications.

Finitions

Rentrez tous les fils. Repassez légèrement. Cousez l'auto-agrippant aux extrémités de l'encolure pour fermer le bavoir derrière le cou.

Lapin câlin

Réalisez un cadeau inoubliable, en tricotant ce lapin rigolo

qui ravira n'importe quel enfant !

Le fil utilisé pour cette réalisation est sans danger,

puisque vous ne risquez pas de voir des poils se détacher

et qu'il est lavable en machine. Jouez avec le patron de base

pour obtenir un aspect différent : la tête peut être brodée

avec des fils différents ou d'autres couleurs, les oreilles peuvent

être plus longues ou plus courtes, ou vous pouvez nouer

un ruban coloré autour du cou.

Échantillon

21 mailles x 25 rangs = 10 cm tric. en jersey end. avec les aig. n° 5.
Mesurez votre échantillon avec soin, et si besoin changez le numéro des aiguilles (voir page 23).

Mesures

HAUTEUR   25 cm environ

Corps (x 2)

Comm. en haut de la tête :

Montez 6 m. A sur les aig. n° 5.

1er rg (end.) : à l'end.

2e rg : à l'env.

3e rg (rg avec augm.) : * 1 m. end., 1 augm. dans la m. suiv., rép. depuis * jusqu'à la fin = *9 m.*

4e rg : à l'env.

5e rg (rg avec augm.) : * 2 m. end., 1 augm. dans la m. suiv., rép. depuis * jusqu'à la fin = *12 m.*

6e rg : à l'env.

7e rg (rg avec augm.) : * 3 m. end., 1 augm. dans la m. suiv., rép. depuis * jusqu'à la fin = *15 m.*

Tric. 9 rgs droits en jersey end., en term. par 1 rg sur l'env.

17e rg (rg avec dim.) : * 3 m. end., 2 m. ens. à l'end., rép. depuis * jusqu'à la fin = *12 m.*

BRAS

Montez 12 m. au début des 2 rgs suiv., de façon à former des augm. pour les bras = *36 m.*

Cont. droit en jersey end. pendant 4 cm, en term. par 1 rg sur l'env.

Rg suiv. : rab. 9 m., 17 m. end. (18 m. sur l'aig. droite), rab. les 9 m. suiv. et coupez le fil = *18 m.*

En trav. sur l'end., reprenez le corps et tric. droit en jersey end. pendant 8 cm, en term. par 1 rg env.

PATTES

1er rg (end.) : 9 m. end., tournez et laissez les 9 m. rest. sur un arrêt de m.

Cont. sur les 9 premières m. :

Tric. 9 rgs de jersey end., en comm. par 1 rg env.

Rab.

Reprenez les 9 m. de l'arrêt de m. :

Tric. 9 rgs de jersey end., en comm. par 1 rg env.

Rab.

Fournitures

1 pel. de 50 g. de fil 55 % laine mérinos, 33 % microfibre, 12 % cachemire, 90 m./50 g., col. bleu gris A (Debbie Bliss « Cashemerino Aran », col. 005)

1 pel. de 50 g. de fil 55 % laine mérinos, 33 % microfibre, 12 % cachemire, 90 m./50 g., col. gris clair B (Debbie Bliss « Cashemerino Aran », col. 202)

1 pel. de 50 g. de fil 55 % laine mérinos, 33 % microfibre, 12 % cachemire, 90 m./50 g., col. blanc C (Debbie Bliss « Cashemerino Aran », col. 001)

2 aig. n° 5

1 arrêt de m.

1 aig. à laine

Bourre synthétique

Abréviations

Voir page 39

OREILLE EXTERNE (x 2)

Montez 8 m. A sur les aig. n° 5.

Tric. 4 rgs de jersey end. en comm. par 1 rg end.

Rg suiv. (end.) : 1 augm. dans la 1ère m., 5 m. end., 1 augm. dans la m. suiv., 1 m. end. = *10 m.*

Tric. 3 rgs droits en jersey end.

Rg suiv. (end.) : 1 augm. dans la 1ère m., 7 m. end., 1 augm. dans la m. suiv., 1 m. end. = *12 m.*

Tric. 7 rgs droits en jersey end.

Rg suiv. (end.) : à l'end. en dim. 1 m. à chaque extrémité = *10 m.*

Tric. 3 rgs droits en jersey end.

Rg suiv. (end.) : à l'end. en dim. 1 m. à chaque extrémité = *8 m.*

Tric. 3 rgs droits en jersey end.

Rg suiv. (end.) : à l'end. en dim. 1 m. à chaque extrémité = *6 m.*

Rg suiv. : à l'env.

Rg suiv. (end.) : à l'end. en dim. 1 m. à chaque extrémité = *4 m.*

Rab.

OREILLE INTERNE (x 2)

Montez 8 m. B sur les aig. n° 5.

Tric. 4 rgs de jersey end. en comm. par 1 rg end.

Rg suiv. (end.) : 1 augm. dans la 1ère m., 5 m. end., 1 augm. dans la m. suiv., 1 m. end. = *10 m.*

Tric. 3 rgs droits en jersey end.

Rg suiv. (end.) : 1 augm. dans la 1ère m., 7 m. end., 1 augm. dans la m. suiv., 1 m. end. = *12 m.*

Tric. 3 rgs droits en jersey end.

Rg suiv. (end.) : à l'end. en dim. 1 m. à chaque extrémité = *10 m.*

Tric. 3 rgs droits en jersey end.

Rg suiv. (end.) : à l'end. en dim. 1 m. à chaque extrémité = *8 m.*

Tric. 3 rgs droits en jersey end.

Rg suiv. (end.) : à l'end. en dim. 1 m. à chaque extrémité = *6 m.*

Rg suiv. : à l'env.

Rg suiv. (end.) : à l'end. en dim. 1 m. à chaque extrémité = *4 m.*

Rab.

VENTRE

Montez 4 m. B sur les aig. n° 5.

1er rg : à l'end.

2e rg : 1 augm. dans la 1ère m., 1 m. end., 1 augm. dans la m. suiv., 1 m. end. = *6 m.*

3e rg : à l'end.

4e rg : 1 augm. dans la 1ère m., 3 m. end., 1 augm. dans la m. suiv., 1 m. end. = *8 m.*

5e et 6e rgs : à l'end.

7e rg : 1 augm. dans la 1ère m., 5 m. end., 1 augm. dans la m. suiv., 1 m. end. = *10 m.*

Tric. droits 8 rgs au point mousse.

15e rg : à l'end. en dim. 1 m. à chaque extrémité du rg = *8 m.*

Tric. 2 rgs droits au point mousse.

18e rg : à l'end. en dim. 1 m. à chaque extrémité du rg = *6 m.*

19e rg : à l'end.

20e rg : à l'end. en dim. 1 m. à chaque extrémité du rg = *4 m.*

Rab.

ÉCHARPE

Montez 4 m. B sur les aig. n° 5.

1er et 2e rgs : à l'end.

Laissez le fil B.

3e et 4e rgs : avec C, à l'end.

* Laissez le fil C.

5e et 6e rgs : avec B, à l'end.

Laissez le fil B.

7e et 8e rgs : avec C, à l'end.

Rép. depuis * jusqu'à environ 25 cm de haut. tot., en term. par 2 rgs B.

Rab. avec B.

Finitions

Rentrez tous les fils pour qu'ils soient invisibles.

Assemblez les deux parties du corps envers contre envers, tout autour, en laissant une ouverture en haut de la tête. Emplissez de bourre.

Enfilez du fil A sur une aiguille et passez-le tout autour de l'ouverture du haut de la tête, tirez sur le fil pour froncer les bords de l'ouverture, cousez et arrêtez solidement.

Enfilez du fil A sur une aiguille, passez-le autour du cou et serrez un peu pour le réduire.

Cousez une oreille interne et une oreille externe envers contre envers, puis cousez sur le dessus de la tête, sur un côté. Faites la même chose avec l'autre oreille interne et l'autre oreille externe, sur l'autre côté de la tête.

Cousez le ventre au milieu de l'avant du corps, à gros points C.

Confectionnez 1 petit pompon C d'environ 4 cm de diamètre, et cousez-le dans le dos, pour faire la queue.

Nouez l'écharpe autour du cou.

Brodez deux ronds B pour les yeux, un rond C pour le museau, un sourire B et des griffes B au bout des pattes.

Conseils d'entretien

Les vêtements confectionnés à la main demandent un entretien particulier, même si les fils utilisés dans ce livre sont lavables en machine. Le fait que les fils soient un mélange de fibres naturelles et de fibres synthétiques implique seulement que vous n'avez pas besoin de les traiter avec autant de précaution que les pures laines, car ils ne risquent pas de feutrer et conserveront mieux leur forme, mais ils sont quand même sujets à déformation, comme n'importe quel autre vêtement.
Tous les modèles de ce livre peuvent être lavés à la machine avec un programme délicat ou froid, en évitant l'essorage final.

Lorsque le vêtement sort de la machine, ne l'essorez pas ou ne le tordez pas, mais placez-le sur une serviette éponge sèche. Roulez la serviette avec le vêtement à l'intérieur, et pressez pour faire sortir l'excédent d'eau. Si besoin, répétez l'opération plusieurs fois.
Lorsque le vêtement aura perdu suffisamment d'eau, étalez-le à plat sur une autre serviette pour le laisser sécher à l'air libre (les vêtements tricotés n'aiment pas être suspendus ; la gravité les étire et ils peuvent se déformer).
Quand le vêtement est sec, vous pouvez utiliser un fer à vapeur pour repasser doucement la pièce, mais ne pressez pas pour ne pas écraser le fil et les mailles.
Enfin, pliez le vêtement et rangez-le à l'abri des mites.

Adresses utiles

Pour trouver les laines préconisées pour les différents projets de ce livre, qui sont des marques anglaises, vous pouvez vous rendre sur les sites Internet suivants :

Les fabricants de laine

Rowan
www.ryclassic.com

Debbie Bliss
www.debbieblissonline.com

GGH
www.ggh-yarn.com

Louisa Harding
www.designeryarns.uk.com

Les fournisseurs

www.yarndex.com
www.theknittinggarden.com
www.morceauxchoisis.com
www.leslaines.com
www.jimmybeanswool.com

Si vous le souhaitez, vous pouvez vous rendre dans les boutiques **Bergère de France** pour remplacer les fils recommandés par des équivalents, en vous reportant aux spécifications en terme de composition et de grosseur de fil. Toutefois sachez que le rendu ne sera pas forcément le même selon la laine choisie.

Choisissez un fil de la même épaisseur et de qualité équivalente : la laine doit être la plus proche possible de l'originale en densité, largeur et texture, afin de correspondre aux instructions du modèle. Achetez d'abord une seule pelote pour en tester les effets, et calculez ensuite le nombre de pelotes dont vous aurez besoin par métrage plutôt qu'au poids. La taille des aiguilles et l'échantillon recommandés sur l'étiquette de la pelote sont des guides supplémentaires.